Udo und Jakob Derbolowsky

Liebenswert bist du immer

So schützen Sie Ihre seelische Gesundheit
Psychopädie

Junfermann Verlag · Paderborn
2005

© Junfermannsche Verlagsbuchhandlung, Paderborn 2001
2. Auflage 2005
Covergestaltung: Dorothea König, Augsburg

Alle Rechte vorbehalten.
Das Werk einschließlich aller seiner Teile ist urheberrechtlich geschützt. Jede Verwendung außerhalb der engen Grenzen des Urheberrechtsgesetzes ist ohne Zustimmung des Verlages unzulässig und strafbar. Dies gilt insbesondere für Vervielfältigungen, Übersetzungen, Mikroverfilmung und die Einspeicherung und Verarbeitung in elektronischen Medien.

La CordeNoire – Peter Marwitz, Kiel

Bibliographische Information der Deutschen Bibliothek
Die Deutsche Bibliothek verzeichnet diese Publikation in der Deutschen Nationalbibliografie; detaillierte bibliografische Daten sind im Internet über http://dnb.ddb.de abrufbar.

ISBN 3-87387-473-3

Inhalt

Der Anfang 9
Danke! 12
Zu diesem Buch 13

Teil I: Umgang mit mir 15
1. Ich muss – Ich möchte 17
2. Erkenntnis als Voraussetzung für sinnvolles und zielgerichtetes Handeln 21
3. Psychopädie: Wenn Sie in Ihrem Leben etwas positiv verändern wollen .. 23
4. Der Quantensprung: Psychopädie nach Dr. Udo Derbolowsky® 24
5. Der Begriff Psychopädie 26
6. Die ethisch-philosophischen Grundlagen der Psychopädie 27
7. Warum unser psychopädisches Vorgehen so schnell und dauerhaft zum Erfolg führt 29
8. Zwei grundlegende Gleichnisse – der dreischalige Brunnen und die Waage 30
9. Wer kann etwas ändern oder warum denn ich? 32
10. Ein erfolgreiches Konfliktlösungsmodell 35
11. Der Ist-Zustand der seelischen Verfassung 38
12. Egoismus und das Gleichnis vom römischen Brunnen 42
13. Das Selbstgespräch 47
14. Der Mensch: ein Körper-Geist-Seele-Wesen 49
15. Heranlieben, eine wichtige Seelenübung 52
16. Die jungen Hunde 55
17. Die Zielorientierung oder der Weg zu Erfolg 58
18. Trotz oder der Wunsch nach Freiheit 61
19. Die Hirsche 64
20. Trösten und Liebe – un-bedingt 67
21. Das Recht auf Liebe von anderen 70
22. Müllers und Schulzes oder das Denken vom anderen her ... 72
23. Übertragung und Gegenübertragung 75
24. Die Einbeziehung des Religiösen in die Psychopädie 85
25. Konstruktive und organismische Bauweise: naturwissenschaftliches Vorgehen und psychopädische Betrachtungsweise 86
26. Von der Verantwortung oder: die Leihgabe 88

27. Die Entstehung von Gehemmtheit oder: das Gleichnis
    von „Stuhl und Decke" 91
    „Stuhl und Decke", erster Teil 91
    „Stuhl und Decke", zweiter Teil 94
    Konsonanz der Affekte 94
    Futterneid 95
    „Stuhl und Decke", dritter Teil: Folgen für die Träume 97
28. Der Traum und das Wunder der Komplementarität 101
29. Eine Möglichkeit zum Umgang mit eigenen Träumen 103
30. Die Polarität männlich – weiblich: zum Unterschied der Geschlechter . 105
31. Gesunder und gestörter Umgang mit Aggression, oder:
    die Geschichte vom Gummibommelchen 109
32. Ärger – eine seelische Energie 111
33. Noch einmal, warum ich: die Geschichte vom Kaffeehaus 114
34. Pneopädie – Arbeit mit Atem, Haltung und Stimme 117
35. TrophoTraining 120
36. Selbstversenkung 131
37. Psychopädische Ich-Begegnung und Syngnomopädie 135

Teil II: Umgang mit anderen 139
1. Die Innere Vorbereitung 141
2. Die Wir- oder Gruppen-Bildung 144
3. Missverständnisse, gruppendynamisch betrachtet 148
4. Das aktive Zuhören und die Ich-Botschaft 151
5. Mitgefühl und Selbstmitleid 154
6. Der psychopädische Wortgebrauch 157
   Vom richtigen Bitten 157
   Vorwürfe 158
   Versuchen 159
   Sollen 159
7. Vorurteile 160
8. Gebet, Meditation 161
9. Der Mensch und seine Gesundheit 162
   Die Balancen 163
   Die Ganzheit 164
   Ein ganzheitliches Dreieck 166
   Gesundheit: eine Definition 168
   Zusammenfassung 169

Anhang 171
Kleine Auswahl weiterführender Literatur 171
Die Private Akademie für Psychopädie PD AG – Erfahrung und Kompetenz . 172
    Die Aktivitäten der Akademie 172
Mein eigenes Übungsprogramm 174

Der Anfang

„Wer mich nicht liebt, ist selber schuld!" so lautete der Titel des Vorgängers dieses Buches und so ergänzen wir heute „ ... denn wert geliebt zu werden bist und bleibst Du immer!" Einmal Hand aufs Herz, wer würde dies nicht gerne von sich hören?!

Als wir auf die Welt gekommen sind, haben wir noch nicht darüber nachgedacht, ob man so etwas sagen oder denken darf. Es war nicht die Frage, ob das stimmt oder nicht, ob es gefällt oder nicht, sondern es ging um das Überleben in einer unbekannten, unvertrauten Welt.

Dies ist Ihnen erfolgreich gelungen, sonst könnten Sie sich jetzt nicht mit diesem Buch beschäftigen.

Damals waren Sie ausgestattet mit – biologisch über Jahrtausende getesteten – Merkmalen, die dazu geführt haben, dass Sie angenommen und geliebt wurden. Dazu gehörte das kindlich unschuldige Aussehen, die herzigen, etwas tollpatschig erscheinenden Bewegungen und vor allem die Fähigkeit, so oft wie möglich zu lächeln. Ihre zarte, weiche Babyhaut reizte zur Berührung und Ihre freudigen Reaktionen auf Zuwendung haben Begeisterung und Bindung hervorgerufen. Ihr Eroberungsdrang, die Lust auf Neues, der Wunsch nach Kennenlernen und Sichvertraut-Machen wurde freudig als Lebendigkeit begrüßt. Damals waren auch wir sicherlich mit uns zufrieden.

Heute ist das alles anders. Wir sind – zumindest teilweise – erwachsen geworden. Wir haben unseren Eltern im Laufe der Jahre die Verantwortung für unser Leben abgenommen und sind zu selbstständigen Erwachsenen herangereift. Wir haben einigermaßen gelernt, wie man in unserer Welt überlebt und wie man Anerkennung bekommt. Doch sind wir zufriedener, sicherer geworden oder eher unsteter und hungriger – nach Neuem, nach Erfolg, nach Vollkommenheit jagend?

Der Wunsch nach Ratschlägen, nach einfach nachzuvollziehenden „Kochrezepten" für ein positives Leben ist riesengroß, wie die Verkaufszahlen entsprechender Bücher und die zahlreichen Kurse zur Lebensbewältigung beweisen. Davon ausgehend, dass jeder Mensch einzigartig ist, zeigt sich dem Leser und Anwender jedoch recht bald, dass solche umfassenden Rezepte nur teilweise weiterhelfen. Denn die Details, die über die zugrunde liegenden Prozesse hinausgehen, belegen lediglich, wie die jeweiligen Autoren mit ihren eigenen Vorgaben und Zutaten zum Erfolg gekommen sind. Genau deshalb können sie anderen nur begrenzt weiterhelfen. Es ist wie im Sport, wenn ein Sportler seinem Schüler zeigt, mit welchem Bewegungsablauf er erfolgreich war, und ihm dann anleitet, diesen genau zu kopieren. Es ist offensichtlich, dass dies nur teilweise gelingen kann und meistens nur bei dem Lehrer bzw. den Ratgebern und weniger bei den Ratsuchenden zu den erwünschten Lösungen und Erfolgen führt.

Der Grund dafür liegt in der Einmaligkeit eines jeden Menschen. Wie die Identifizierung durch den genetischen Fingerabdruck zeigt, ist jeder unverwechselbar einzigartig und damit natürlich anders als alle anderen. Jeder hat andere Anlagen mitgebracht, hat das Leben auf seine Weise erfahren, seine persönlichen Schlüsse gezogen und Strategien entwickelt. Dies ist der Grund, warum wir durch Nachmachen von anderen, zumindest wenn wir es genau kopieren, zwar erfahren können, wie diese ihr Leben meistern, uns selbst aber nur teilweise das für uns Richtige aneignen. Die zugrunde liegenden Naturgesetzmäßigkeiten sind bei allen gleich, dennoch gibt es ganz unterschiedliche Gestalten usw., etwa vergleichbar mit den Pflanzen, die ja ganz unterschiedliche Blüten ausbilden.

Hinzu kommt, dass wir nicht allein auf der Welt leben, sondern in einem sozialen Gefüge mit lauter anderen einzigartigen Menschen, die alle am liebsten ganz auf ihre Weise leben möchten. Es ist klar, dass hieraus Konflikte erwachsen, die jedoch möglichst friedlich gelöst werden müssen, um überleben zu können. Folglich ist es notwendig, immer wieder echte Kompromisse zu finden und auszuhandeln und nicht durch Missverständnisse in der gegenseitigen Verständigung, die durch erworbene Gehemmtheiten oder durch Vorurteile und Ähnliches mehr entstanden sind, sich davon abhalten zu lassen, einen Weg zu einem friedlich harmonischen Miteinander zu finden.

Bekanntlich übt die Umwelt schon auf die Kleinkinder einen enormen Anpassungsdruck aus. Als natürliche Folge davon haben wir alle, um in der Erwachsenenwelt zu überleben, Teile von uns, von unserer Lebendigkeit verdrängt bzw. ächten lernen müssen. Wir haben schon damals Teile von uns verraten, im Sinne des Spruches „lieber so wie gewünscht ... als tot!" als ein Kompromiss, der unser Überleben gesichert hat.

Wenn wir erwachsen geworden sind, scheint unsere vordringliche Aufgabe zur gesunden Entfaltung und Pflege einer schönen und ausgereiften Seele zu sein, uns unserem ursprünglichen Inbild wieder zu nähern. Wieder der/die zu werden, der/die man eigentlich ist, so wie unser Schöpfer uns gedacht hat, egal was die anderen davon halten; uns frei zu machen von dem, was andere für uns für richtig erachten bzw. unseren mehr oder weniger unausweichlichen Verrat an unserer eigenen Vitalität rückgängig zu machen, Menschenfurcht abzubauen und dennoch erfolgreich im sozialen Verbund zu bleiben.

In der chassidischen Tradition wird von dem Rabbi Sussja berichtet, der vor seinem Tode sagte: „Wenn ich vor dem himmlischen Gericht erscheine, wird man mich nicht fragen, warum ich nicht Abraham, Jakob oder Moses war; man wird mich fragen, warum ich nicht Sussja war."

In religiösen Lehren sind immer wieder Vorgehensweisen gezeigt worden, wie dieses Sich-selbst-treu-Werden in sozial verträglicher Weise gelingen kann. Diese Regeln zu befolgen, erfordert jedoch oft Mut und ist nicht immer so leicht und angenehm, wie wir es gern haben würden.

Für uns haben die Erkenntnisse, die wir in der Psychopädie zusammengefasst haben, eine sehr praktikable Möglichkeit eröffnet, wie es jedem gelingen kann, sein Selbstbewusstsein und seine innere Stimmigkeit wieder so herzustellen, dass er überzeugt sagen kann: „Wer mich nicht liebt, ist selber schuld", ohne dass dabei unser soziales Gefüge aus den Fugen gerät bzw. ohne dass sich ein so gearteter Egoismus breit macht, der um sich herum überall „verbrannte Erde" erzeugt.

Wiederholt hat sich auch gezeigt und konnte belegt werden, dass der größte und gefährlichste Feind für die seelische Gesundheit des Menschen nicht im Außen, sondern im eigenen Innen eines jeden liegt. Nicht so sehr sind es die anderen, die Umweltgegebenheiten oder gar Gott, die uns belasten, sondern primär ist es unser eigener Umgang mit den Gegebenheiten und unser eigenes Verhalten, mit dem wir uns unser Leben erschweren.

So ist dieses Buch auch eine Kampfansage an einen gefährlichen Feind, an den gefährlichsten Gegner, der uns und unsere seelische Gesundheit bedrohen kann: Er ist Teil unseres eigenen Verhaltens, und die Gifte heißen Selbstabwertung und Selbstbeschädigung. Die Psychopädie enthält ein rasch wirkendes Entgiftungs- und Sofortschutzprogramm für Ihre seelische (und körperlich-geistige) Gesundheit.

Im diesem Buch werden gleichnishaft Erlebnisse geschildert, die dem Leben abgelauscht wurden, um seelische Zusammenhänge durchschaubar und verständlich zu machen. Sie bieten, unterstützt durch theoretische Erläuterungen, Chancen für reichen Erkenntniszugewinn. Begleitende Übungen für jeden Tag unterstützen Sie dabei, die gewonnenen Einsichten handelnd in Ihr Leben einzubauen und zu nutzen.

Danke!

Dieses Buch haben wir geschrieben, weil wir möchten, dass das uns zugänglich gewordene Wissen um den gesunden Umgang mit sich und Gott und der Welt möglichst vielen Menschen zugute kommen kann. Damit möchten wir unseren Dank vor allem unserem Schöpfer gegenüber ausdrücken, der uns die Gnade dieses so erfreulichen Wissens unverdient hat zukommen lassen und uns die Kraft gegeben hat, es in einfache Erklärungen und Übungen umzusetzen und auch selbst immer mehr zu leben.

Denn erst durch die Anwendung wird es lebendig und entfaltet seine Kraft. Weil wir üben, hat es inzwischen unser Leben und das aller derer, die es auch anwenden, erfreulich verändert. So wie eine Volksweisheit sagt: Erkenntnis ist wie die Speisekarte, erst die Umsetzung ist das Essen!

Unser Dank gilt auch all den Menschen, die uns lehren und weiterhin helfen, uns an uns heranzulieben, die uns durch ihr Leben immer wieder zeigen, wie wirksam und erfolgreich psychopädisches Vorgehen im Leben ist, und die uns ermutigen, auf diesem nicht immer einfachen Weg zuversichtlich weiter voranzuschreiten.

Besonders danken wir denen, die direkt zu diesem Buch beigetragen haben: Unseren Frauen, Regina und Renate Derbolowsky, unseren Kindern, dem Verleger, Herrn Dr. Martini, und dem Verlagsleiter, Herrn Probst, sowie ihren Mitarbeitern, und all den vielen Menschen, die durch Anregungen oder andere Mitarbeit zu diesem Buch beigetragen haben, und vor allem Ihnen, liebe Leserinnen und Leser. Denn ohne Sie würde diesem Buch ein wesentlicher Sinn fehlen!

Da wir möglichst vielen Menschen die Psychopädie und die damit verbundenen Möglichkeiten zur Persönlichkeitsentwicklung und zu einem zuversichtlichen und fröhlichen Leben zugänglich machen möchten, danken wir schon jetzt all denen, die uns bei der geplanten Gründung einer in diesem Sinne wohltätigen Stiftung helfen. Zweck dieser Stiftung wird es sein, Kurse und Lehrschriften für soziale Einrichtungen wie Kindergärten, Pflegeheime, Hospizeinrichtungen und deren Mitarbeiter möglich zu machen.

Zu diesem Buch

"Lies nicht, um zu widersprechen oder zu glauben, sondern um zu prüfen und zu erwägen."
– Thomas Babington, 1846

In den vergangenen Jahren haben wir viele Anregungen von Leserinnen und Lesern unseres inzwischen vergriffenen Buches *„Wer mich nicht liebt, ist selber schuld"* bekommen, für die wir dankbar sind. Haben sie uns doch gezeigt, dass die Darstellung psychopädischen Gedankenguts und seiner Vorgehensweisen für all die Menschen hilfreich ist, die sich auf der Suche nach sich selbst und nach einer erfreulichen Lebensverwirklichung befinden. Sie haben auch deutlich gemacht, dass sich die Lebensnähe des Inhaltes und die Anwendung der beschriebenen Techniken in der Praxis eindeutig bewährt haben.

Je nachdem aus welchem Grund Sie dieses Buch lesen, z.B. um anderen besser helfen zu können oder weil Sie auf der Suche nach Hilfe für sich selbst sind, weil Sie mit sich und Ihrem Leben nicht so zufrieden sind, weil Ihnen die rechte Freundschaft mit sich selbst fehlt, können Sie sich beim Lesen sowohl mit dem Psychopäden wie auch mit dem Ratsuchenden, dem Klienten identifizieren, ganz wie Sie möchten.

Wesentliche Inhalte einer psychopädischen Betreuung werden anhand von Lerngeschichten zum Nach-Denken gezeigt (bitte gönnen Sie sich möglichst schon beim Lesen die dafür erforderliche Zeit!) und durch die Darstellung wichtiger zugrunde liegender Prozesse ergänzt. Dabei verzeihen Sie uns bitte, wenn Ihnen manches zu einfach, vielleicht sogar zu oberflächlich dargestellt erscheinen mag, dennoch (oder gerade deshalb?) ist es für die Umsetzung in den Alltag und für die direkte Ansprache des Unbewussten günstig.

Übungen für jeden Tag helfen, die gewonnenen Erkenntnisse in Ihr Lebensgeschehen einzubauen. Sie stellen ein Sofortprogramm dar, wie Sie sich gleich mit Ihrem treuesten Freund, nämlich mit sich selbst zunehmend mehr verbünden können und wie Sie zu einem warmherzigen Umgang zunächst mit sich selbst gelangen (was nicht bedeutet: unkritisch, lasch) und feindselige Impulse und Handlungen gegen sich selbst verringern. Damit Sie sich Ihr eigenes Übungsprogramm zusammenstellen können, ist im Anhang eine Seite zum Selbsteintragen.

Jedes Kapitel kann für sich allein gelesen oder die Reihenfolge der Kapitel beim Lesen getauscht werden, denn jedes bringt Grundsätzliches und Praktisches zur Sprache. Dies führt gelegentlich zu thematischen Überschneidungen, die dem einen als willkommene Erweiterung gefallen, dem anderen vielleicht als Wiederholung lästig sind, auf jeden Fall helfen die Überschneidungen bei der Vertiefung und Vernetzung des Stoffes.

So ist das Buch gedacht als eine umfassende und dennoch einfache Anleitung zur grundlegenden Selbsthilfe, auch wenn es natürlich das persönliche Gespräch, Seminare und Übungskurse nicht ersetzen kann.

Wir wünschen Ihnen, dass auch Sie, wie die bisherigen Leser und Anwender von Psychopädie, beim Lesen und Üben viel Freude haben, reichen Erkenntnisgewinn erzielen und vor allem Lust und Kraft zur Umsetzung in Ihren Alltag bekommen. Damit Sie zu dem freien, fröhlichen Menschen werden, der Sie ja eigentlich sind, und damit Sie ausgestattet mit gesundem Selbstbewusstsein eigenverantwortlich und verantwortlich vor Gott und der Welt Ihr Leben zuversichtlich führen.

Teil I:
Umgang mit mir

1 Ich muss – Ich möchte

Beginnen wir gleich mit einer speziellen Situation, die auch ein Hinweis auf den Umgang mit diesem Buch sein kann:

Stellen wir uns folgende Situation vor: Wir gehen mit jemandem Essen, der sehr hungrig ist. Wir nehmen im Restaurant Platz und der Kellner bringt die Speisekarte. In diesem Restaurant gibt es ein reichhaltiges Angebot und deshalb hat die Karte viele Seiten. Unser Begleiter seufzt und sagt: „Ich habe solchen großen Hunger, und nun diese lange Speisekarte! – Entsetzlich!" Was hat er damit sagen wollen?

Ein anderes Beispiel: Der Kellner kommt, ehe unser Begleiter so recht bei der Sache ist und fragt: „Kann ich schon eine Bestellung aufnehmen, haben Sie schon gewählt?" Wir bemerken, wie unser Partner sich daraufhin unmittelbar für das erste Beste entscheidet, weil er sich offensichtlich gedrängt fühlt.

Nächstes Beispiel: Ein 3jähriges Kind hat großen Hunger und fragt die Mutter, wann es etwas zu essen gibt. Die Mutter antwortet: „Komm, das Essen steht auf dem Tisch!" Das Kind freut sich, eilt an den Tisch, steigt auf den Stuhl und schaufelt sich mit Genuss die Speisen auf seinen Teller: Kartoffeln, Gulasch und Gemüse. Dann isst es mit großem Appetit, bis es sich gesättigt fühlt. Das Kind wischt sich mit dem Handrücken über den Mund, schiebt den Teller von sich weg, auf dem noch gut ein Viertel von dem liegt, was es sich aufgetan hat, und sagt mit Wohlbehagen: „Satt!" – Nun darf alles, was noch auf dem Tisch steht, wieder fortgeschafft werden.

Aber da meldet sich Protest von Seiten der Eltern: „Was man auf dem Teller hat, muss man aufessen, damit man groß und stark wird." – „Die Eltern arbeiten dafür, dass es Essen gibt." – „Andere müssen verhungern!" – Also: „Sitzen geblieben! Aufgegessen! Basta!"

Das Kind ist wie verwandelt: Es ist nicht mehr fröhlich, sondern bedrückt. Angesichts der Übermacht der Eltern fügt sich das Kind. Auch die Speisen haben sich blitzartig verwandelt. Wo eben noch Gulasch, Kartoffeln und Gemüse zum Essen eingeladen haben, liegt jetzt nur noch Material zum Ausstopfen des Magens auf dem Teller. Und das muss geschluckt werden, damit man groß und stark wird. Du musst kauen. Du musst schlucken. Du musst essen, du musst, du musst, du musst…!

Im letzten Beispiel haben wir ein und dasselbe Kind in zwei Phasen kennen gelernt: Zunächst in der Möchte-Phase, in der es seinen Bedürfnissen folgt und aus Lust isst, wenn es essen mag. Und dann in der Muss-Phase, in der es nicht mehr spontan von sich aus tut, was es will, sondern so handelt, wie es andere von ihm verlangen.

Zwischen diesen beiden Kindern, dem Möchte-Kind und dem Muss-Kind, liegt der ganze Unterschied zwischen einem natürlichen Menschen einerseits und einem psychisch belasteten, einem gehemmten (= neurotischen) Menschen andererseits.

Kommen wir nun zu unseren Beispielen vom Anfang der Geschichte zurück. Was hat unser Begleiter im Restaurant ausdrücken wollen, als er angesichts der langen Speisekarte aufstöhnte: „Nun habe ich solchen Hunger und dann eine so lange Speisekarte." Er ist ein Muss-Mensch. Sein Muss besteht in dem Gedanken: Wenn dir jemand eine Speisekarte überreicht, dann musst du sie auch lesen! Man muss eben! Und so geht es mit dem rasch fragenden Ober weiter: Wenn man gefragt wird, muss man gewählt haben und folglich sogleich bestellen.

Wie anders lebt doch der Möchte-Mensch. Er liest die Speisekarte nur insoweit, wie es ihm Freude macht. Oder er bestellt, ohne groß in die Karte zu schauen, das, worauf er Appetit hat. Oder er fragt den Ober nach dem, worauf er Appetit hat oder wo dies und jenes auf der Karte zu finden ist, was ihn an Speisen interessiert.

Offensichtlich ist jeder von uns irgendwann einmal, meistens schon in früher Kindheit, über jene Hürde gejagt worden, die uns in Muss-Menschen verwandelt. Deutlich wird dies, wenn wir beispielsweise zeichnen oder malen und uns dabei oft von dem inneren Zwang regieren lassen, wie ein Baum, ein Haus, ein Hahn, ein Mensch auszusehen hat. Diese Haltung hindert uns daran, frei und schöpferisch mit den Formen, den Flächen und den Farben umzugehen. Eine Folge davon ist, dass die seelischen Kräfte sich nicht entfalten können, und dass an die Stelle von Fröhlichkeit eine verklemmte Haltung tritt.

Was aber können wir tun, um aus der Rolle des Muss-Menschen herauszukommen und ein Möchte-Mensch zu werden?

Die Antwort ist einfach: Wir räumen unseren eigenen Bedürfnissen wieder den 1. Rang in unserem Innern ein und stimmen sie mit den Bedürfnissen unserer Umwelt ab.

Ein Kind möchte beispielsweise Krach machen, sein Vater hingegen will gerade telefonieren und braucht Ruhe. Vernünftigerweise fordert er deshalb Stille mit der Begründung, dass er sie für die Dauer seines Telefongesprächs braucht.

Erst aus solchem Widerstreit erwachsen Einsichten, Erfahrungen und Verhaltensweisen in dem Kinde, das seine eigenen Bedürfnisse durchzusetzen sucht. Ganz anders dagegen wirken Sätze wie: „Ein braves Kind ist niemals laut!" So ein Satz gibt keine konkurrierenden Bedürfnisse zu erkennen. Da kann man nicht entscheiden, ob jemand zum Schlafen, zum Telefonieren oder aus anderen Gründen gerade jetzt Stille braucht, sondern da werden mit dem unsinnigen Satz: „Ein braves Kind ist niemals laut!" Bedürfnisse nach Bewegung, nach Geräusch- und Klangerzeugung, nach Wildheit und nach Unmittelbarkeit in Bausch und Bogen ein für allemal geächtet.

Besonders unangenehm ist dabei Folgendes: Folgt das Kind, wird es meistens durch die Liebe seiner Eltern belohnt, folgt es nicht, wird es durch Liebesentzug bestraft, somit ein sicherer Weg, um verkümmerte Menschen heranzuziehen, die später unter Krankheiten und Neurosen leiden.

Mindestens ebenso schlimm ist es, wenn man jemandem, der gerade dabei ist, eine Handlungsabfolge einzuleiten, etwas vorwegnimmt, wenn man jemand etwas befiehlt, was derjenige zwar selbst, jedoch erst als 2. oder 3. Schritt tun möchte.

Beispiele dafür sind Aufforderungen wie: „Sag guten Tag", wenn das Kind gerade erste Ansätze machen möchte, um mit dem Besuch vertraut zu werden. Oder man versucht, das Kind zu füttern, und sagt: „Mund auf!", wenn das Kind gerade einen ersten Blick über die Speisen gleiten lässt und wissen möchte, was es diesmal zu essen gibt. Oder auch: „Male jetzt einen Baum", wenn das Kind gerade dabei ist, neugierig Farben aufs Papier zu pinseln und zu bestaunen, was dabei entsteht.

Die Folge ist: Trotz!

Da ist beispielsweise ein Mann von der Arbeit heimgekommen. Er hat sich vorgenommen, den Müll nach unten zu tragen und Getränke aus dem Keller heraufzuholen. Aber vorher will er noch die Zeitung lesen. Da ruft seine Frau aus der Küche: „Du kannst doch jetzt nicht Zeitung lesen! Du musst erst die Flaschen raufholen und den Müll wegbringen!" Es gibt viele Menschen, die nun das gerade nicht tun, obgleich sie es sich selbst zuvor schon vorgenommen hatten, die jetzt sinnlose Ersatzhandlungen ausführen, etwas kaputt machen, außer Haus gehen, ins Wirtshaus laufen oder dergleichen mehr. Jeder Mensch kennt die Schwierigkeiten, sich aus einer solchen Trotzhaltung zu befreien. Wir werden uns deshalb später in einem eigenen Kapitel mit Trotz befassen.

Um ein fröhlicher Möchte-Mensch zu werden, gilt es, sich auch dann, wenn man Aufforderungen oder Befehle von anderen bekommt, unverdrossen nach seinen eigenen Bedürfnissen zu fragen: Was will ich selbst jetzt wirklich? Wenn ich mich bedanken möchte, dann tue ich es unbeirrt auch dann, wenn jemand anders mich gerade in diesem Augenblick dazu auffordert.

Ich brauche dem anderen und mir keine Selbstständigkeit dadurch zu beweisen, dass ich das, was er sagt, zu tun ablehne. Auch dann, wenn es wahr ist, dass man zum Groß-und-Stark-Werden Nahrung braucht; auch dann, wenn es wahr ist, dass Eltern für die Nahrung ihrer Kinder arbeiten, auch dann isst der gesunde Mensch nur, wenn er hungrig ist, und er beendet die Mahlzeit, wenn er sich satt fühlt. Das gilt in entsprechender Weise für alle Bedürfnisse, sofern der Mensch fröhlich und gesund ist und kein verklemmter Muss-Mensch bleiben will.

Dies gilt natürlich auch für den Umgang mit diesem Buch. Lesen Sie es als fröhlicher Möchte-Mensch und nehmen Sie sich die Kapitel ganz nach Ihrem Geschmack vor. Bitte denken Sie daran, neue Erkenntnisse vermehren erfreulich den Durchblick, machen aber schnell ärgerlich, wenn es einem nicht gelingt, sie in sein Leben umzusetzen. Dies ist nicht immer leicht, deshalb ist es vielleicht tröstlich – alle Menschen müssen da durch, auch uns geht es nicht anders!

2 Erkenntnis als Voraussetzung für sinnvolles und zielgerichtetes Handeln

Für den nach Entwicklung strebenden Menschen ist eine zentrale Fragestellung an sich selbst: „Wie gehe ich in bestimmten Stress- und Belastungssituationen mit mir um? – Bin ich liebevoll zu mir, d.h., behandle ich mich achtsam und rücksichtsvoll, so wie man dies mit jemand Wichtigem tut? Bin ich aufmerksam mir gegenüber, achte und respektiere ich meine Gefühle und Bedürfnisse? Bin ich nachsichtig und geduldig mit mir? Akzeptiere ich mich und achte ich mich und meinen Körper so, wie ich bin? Mag ich mich eigentlich?"

Oder: „Fordere ich vielleicht von mir selbst immer mehr als von anderen? Stelle ich die Interessen anderer oft über meine eigenen? Bin ich immer wieder bereit, Opfer zu bringen, um die Anerkennung anderer nicht zu verlieren? Bin ich ärgerlich mit mir und beschimpfe mich vielleicht sogar laut, wenn ich einen Fehler gemacht habe oder »nicht gut genug« war? Leide ich unter der Kritik oder auch der Interesselosigkeit anderer?"

Weil die meisten dieser Reaktionsmuster unterhalb der Bewusstseinsschwelle ablaufen, ist die spontane richtige Beurteilung des Verhaltens zu sich vom Betroffenen selbst in der Regel nur schwer oder unvollständig möglich. Selbst wenn solche Muster erkannt werden, fehlt im Allgemeinen eine geeignete Methodik, um selbstschädigendes und erfolgshemmendes Verhalten zu ändern und Selbstzweifel und Stress abzubauen. Nichtsdestoweniger liegt hier aber oft die eigentliche Ursache für eine Vielzahl von Problemen sowie von Konflikt- und Krisensituationen, von Gesundheitsbeeinträchtigung bis hin zu ernsthaften Erkrankungen.

Es ist ein Verdienst der Psychoanalyse, Zusammenhänge zwischen vielen Problemen und der Lebensgeschichte aufgedeckt zu haben: Zum Beispiel in der Kindheit erlebte Erziehungsmaßnahmen durch Erwachsene – wie Schimpfen, Bestrafungen, Zorn und Ärger, Missbilligung oder gar dem Kind gezeigte Ablehnung wegen seines Verhaltens –, die dann später oft zu Selbstvorwürfen führen und das beängstigende Gefühl hinterlassen, weniger (liebens-)wert zu sein.

Da in der Kindheit die Möglichkeit zu eigenem rationalem Bewerten einer Situation erst entwickelt werden muss, übernimmt das Kind zwangsläufig zunächst die

Wertewelt der Erwachsenen, und zwar so, wie es diese gefühlsmäßig eingefärbt erlebt. Nicht selten bleiben dann die einmal akzeptierten – aber eigentlich fremden – Bewertungen ein Leben lang bestimmend für den Menschen. Das als Kind erlebte, schmerzhafte Gefühl von Minderwertigkeit wirkt so – losgelöst vom ursprünglichen Erlebnis – als reine, emotional aufgeladene Bewusstseinsqualität (Empfindung) beim inzwischen erwachsen Gewordenen weiter und belastet entsprechend seinen Selbstwert, sein Selbstvertrauen, seine Einstellungen und sein Verhalten gegenüber sich selbst und der Welt.

Die Psychopädie zeichnet sich nun dadurch aus, dass sie wissenschaftlich fundiert eine zuverlässige und leicht anwendbare Methodik zum Erkennen der in einem selbst wirkenden Muster und Prägungen anbietet. Sie enthält außerdem effiziente Techniken, um die vom Betroffenen selbst gewünschten Veränderungen herbeizuführen. Beginnend mit der Erarbeitung einer persönlichen Zielvorstellung für eine angestrebte Veränderung oder Entwicklung verwendet die Psychopädie stets nur das, was der Betreffende selbst, seinem ganz persönlichen Antrieb entsprechend, erreichen will. Die folgende übende Umsetzung in Aktion, in die Wirklichkeit, fällt jedoch nicht so leicht, weil dafür meist lieb gewonnene und scheinbare Sicherheit bietende, aber schädigende Gewohnheiten aufgegeben werden müssen und Neuland betreten oder lange verlassenes Land erobert werden will.

Den notwendigen Rückhalt kann ein entsprechender psychopädischer Kurs- oder Beratungsrahmen bieten: Ausgehend von dem jeweils anvisierten Ziel jedes Einzelnen werden verträgliche, leicht umsetzbare Einzelschritte festgelegt, für die dann gezielte Übungen angeboten bzw. gemeinsam erarbeitet werden. Dabei werden die Übungen so gestaltet, dass jeder sie allein oder gegebenenfalls mit seinem Partner täglich bequem in seinen Alltag einbauen kann. Ein solches Übungsprogramm für jeden Tag ist beispielsweise das von uns entwickelte TrophoTraining: *„So fühle ich mich wohl – Tropho Training"*.

3 Psychopädie: Wenn Sie in Ihrem Leben etwas positiv verändern wollen ...

> *„Ob einer ernst macht im Leben, merkt man nicht an den großen Entschlüssen, sondern an der kleinen Arbeit, tagaus, tagein."*
> *– Romano Guardini*

... dann beginnen Sie am besten gleich damit. Denn Existenzfragen der Gegenwart und Zukunft werden immer schwieriger, immer komplexer; Veränderungen in unserer Gesellschaft vollziehen sich in immer kürzeren Zeiträumen; in vielen Lebensbereichen zeigt sich, dass bisher erfolgreiche Verhaltensweisen und Strategien nicht mehr ausreichen, um anstehende Probleme zu lösen und um angestrebte Ziele zu erreichen.

Und in dem Maße, wie Sicherheit und Geborgenheit im Außen verloren gehen, ist es notwendig, dass jeder für sich selbst wieder mehr Verantwortung übernimmt und seine in ihm selbst angelegten Potenziale weiter entfaltet, Blockaden seiner Kraft und Energie beseitigt sowie sein Wissen für Zusammenhänge und Gesetzmäßigkeiten vor allem über sich selbst vergrößert. Daraus können sich dann eine wesentliche Erweiterung Ihres persönlichen Lebensreichtums, mehr Anerkennung, mehr Erfolg, glücklichere Beziehungen oder eine allgemeine Verbesserung der persönlichen Lebensumstände ergeben. Aber immer erst dann, wenn Sie vorher auf der inneren Ebene Ihres Bewusstseins und Ihrer geistigen Vorstellungen entsprechende Erkenntnis- und Wandlungsprozesse vollzogen haben.

Konkret meint dies: nach dem Erkennen des Mangels einer Situation (Ist-Analyse), Erarbeiten einer klaren Zielvorstellung und so weit gehende Identifizierung damit, dass daraus der brennende Wunsch entsteht, es auch zu erreichen – auf dem Boden der festen Überzeugung, dass dieses Ziel für Sie auch tatsächlich erreichbar ist.

Viele der heute angebotenen Kurse und Trainings für Persönlichkeitsentwicklung, für beruflichen und auch für menschlichen Erfolg helfen durch die dabei vermittelten Techniken ein ganzes Stück weiter. Dennoch bleibt der dauerhafte Erfolg oft aus, da – wenn auch eindrucksvoll – weitgehend in der Peripherie operiert wurde. Man könnte dies vergleichen mit der wiederholten äußerlichen Aufbesserung des Sichtbaren (Kosmetik), ohne dass eine dauerhafte Veränderung erreicht wird, denn die kann nur von Innen, aus dem Selbst heraus erfolgen.

4 Der Quantensprung: Psychopädie nach Dr. Udo Derbolowsky®

Die Psychopädie wurde von den beiden Autoren erarbeitet. So hat Udo Derbolowsky diese Lehre im Rahmen seiner mehr als 50jährigen Erfahrung in Praxis und Forschung entwickelt, dann gemeinsam mit seinem Sohn Jakob Derbolowsky ergänzt und ein Vermittlungs- und Ausbildungskonzept aufgestellt, das, sowohl inhaltlich als auch organisatorisch frei von weltlichen oder religiösen Organisationen ist.

Psychopädie ist eine in sich ausgewogene Synthese der wichtigsten Erkenntnisse aus der Psychologie, der Psychotherapie und der Psychoanalyse. Zugleich nutzt sie auch das überlieferte Wissen der westlichen und östlichen Weisheitslehren der Menschheit und ist fest verwurzelt in der gesetzmäßigen Bezogenheit zu einem liebenden Schöpfergott. Sie ist somit ein pragmatischer, wissenschaftlich fundierter Erkenntnisweg zur Freisetzung und Entwicklung der eigenen Persönlichkeitspotenziale und des zugänglichen Lebensreichtums.

Ganz lebensnah bietet diese Lehre allen Anwendern die Chance, einen Quantensprung in ihrer persönlichen Lebensentfaltung zu machen, wie die Rückmeldungen von Anwendern zeigen. Was wir mit Quantensprung meinen, veranschaulichen besonders deutlich die dreidimensionalen Bilder, die von Computern hergestellt werden und als Magic Eye-Bilder bezeichnet werden.

Stets sieht man auf den ersten Blick nur eine Ansammlung von Punkten, deren Sinn und Zusammenhang ohne weiteres nicht erkennbar ist. Trotzdem schauen wir es uns an und versuchen damit zurechtzukommen, indem wir bestimmte Gesetzmäßigkeiten und Strukturen herausfinden. Dies wird uns sicher gelingen und zu einer gewissen Befriedigung führen. Aber ist das alles, was in einem solchen Magic Eye-Bild enthalten ist?

Wenn Ihnen spezielle Techniken angeboten werden, wie ein solches Bild auch noch betrachtet werden kann, dann gelingt es Ihnen wahrscheinlich, „hinter" diesem zweidimensionalen Bild noch eine weitere Dimension zu finden. Denn mit der richtigen Technik ist plötzlich kristallklar eine zunächst nicht erkennbare dritte Dimension zu sehen, die den eigentlichen Sinn des Bildes ausmacht. Dabei ist zu beachten, dass keine Änderung am Bild selbst erfolgt. Es ist nur die Betrachtungsweise, die geändert wird!

Dies geschieht in der Art, wie Quantensprünge ablaufen: blitzartig und ohne Übergang! Auch später, wenn Sie das Dreidimensionale nicht spontan sehen, werden Sie stets sicher wissen, dass es dem Bild innewohnt.

Vergleichbar der Anwendung dieser Technik zur Erweiterung der „Bild-Dimension" können mit psychopädischen Vorgehensweisen auf der geistig-seelischen Ebene Erkenntnissprünge erreicht werden, die Ihnen den Zugang zu neuen Dimensionen des Lebens eröffnen!

5 Der Begriff Psychopädie

Der Begriff *Psychopädie* setzt sich zusammen aus den Worten Psycho- (griech.: psyche = Seele) und -pädie (griech.: paideia = Schulung, Erziehung, Bildung).

Psychopädie beschäftigt sich dem Namen entsprechend mit Schulung, Erziehung und Bildung mit seelischen Mitteln und im seelischen Bereich. Damit sind Gestaltungsmöglichkeiten von aktuellen Lebens-, Arbeits-, Partnerschaftssituationen und Lösungen von Kommunikationsproblemen gemeint. Psychopädie zielt sinngemäß nicht primär auf Krankheitsbehandlung (Psycho-Therapie) oder diesbezügliche analytische Ursachenforschung ab, wenngleich sich der Umgang von Kranken mit ihrer Krankheit dadurch positiv verändern kann.

Psychopädie ist insofern eine praktische Verhaltenserziehung und Herzensbildung, als deren Ergebnisse von jedem sofort in sein Leben und in seine Umgangsweisen mit sich selbst und anderen eingebracht werden können. Sie ist sozusagen die operationalisierte Umsetzung des universellen Liebesgebotes in den Alltag unseres Lebens.

Der Begriff *Psychopädie nach Dr. Udo Derbolowsky*® ist inzwischen gesetzlich geschützt, um die erforderliche Unverfälschtheit, Kompetenz und hohe Effizienz zu gewährleisten.

6 Die ethisch-philosophischen Grundlagen der Psychopädie

Das Menschenbild der Psychopädie nach Dr. Udo Derbolowsky® basiert auf abendländisch-christlichem Gedankengut. Es wird am besten verständlich anhand des schon vor 3.000 Jahren im dritten Buch Mose verkündeten und später auch von Jesus Christus als das höchste Gebot der Menschheit bestätigten Liebesgesetzes. Es lautet:

„Du sollst lieben Gott, Deinen Herrn, von ganzem Herzen, von ganzer Seele und von ganzem Gemüte. Dies ist das vornehmste Gebot.
Das andere aber ist ihm gleich: Du sollst deinen Nächsten lieben wie dich selbst. In diesen zwei Geboten hanget das ganze Gesetz." (Matth. 22, 37-40)

Es geht also bei diesem – von allen Weisheitslehren und Religionen der Welt respektierten – höchsten Gebot um drei Liebesinstanzen: GOTT – der Schöpfer von allem – als die höchste Instanz sowie um ICH und DU mit jeweils gleicher Wertigkeit.

Bedauerlicherweise ist in der Gewichtung dieser drei Instanzen im Laufe der letzten 2.000 Jahre eine deutliche Akzentverschiebung eingetreten: Die Liebe zum Nächsten wurde zunehmend stärker betont und letztlich zum eigentlichen Liebesziel erhoben. Ihr musste sich die Selbstliebe als „sündhaft" und „unchristlich" unterordnen und die Liebe zu Gott wurde ersetzt durch Gottes-Furcht.

Möglicherweise als Folge zunehmender Distanz zu den Kirchen – und auch unterstützt durch die große Verbreitung von einseitig verstandenem Gedankengut mancher Esoterik – lassen sich heute überwiegend diese Trends beobachten: Eigenliebe und Selbstverwirklichung – ohne viel Rücksicht auf den Nächsten – und vielfach auch ohne Bezug zu einem Gott.

Diese Verschiebungen der im Liebesgebot empfohlenen Balancen hatten im Laufe der Geschichte, und so auch heute, ein jeweils entsprechendes ethisch-moralisches Wertesystem zur Folge, das tief greifende Auswirkungen auf die Gesellschaft und vor allem auch auf den einzelnen Menschen hat.

Oberstes Ziel psychopädischer Vorgehensweisen ist es daher, zunächst dem Ratsuchenden zu helfen, sich sein Verhalten im Umgang mit sich selbst bewusst zu machen, damit er wieder zu seiner ursprünglichen harmonischen Balance von Selbst-Liebe, Nächsten-Liebe und der Liebe zu Gott finden kann (siehe auch Kapitel: *Ein ganzheitliches Dreieck*).

7 Warum unser psychopädisches Vorgehen so schnell und dauerhaft zum Erfolg führt

Zu den Besonderheiten der psychopädischen Vorgehensweise gehört, dass sie sich nicht darauf beschränkt, psychologisch als zweckmäßig erkannte Umgangstechniken und Verhaltensweisen zu vermitteln und zu trainieren, um sie dann in bestimmten Problemsituationen bewusst zweckorientiert einzusetzen. Derartige Vorgehensweisen und Techniken bleiben weitgehend rational-intellektuell gesteuert. Sie werden nur der vorhandenen individuellen Persönlichkeitsstruktur „aufgesetzt", ohne dass sie am emotionalen Potenzial im Kern der Persönlichkeit, mit all seinen Prägungen und Verhaltensmustern, wesentlich etwas ändern.

Psychopädisches Vorgehen setzt dagegen zuerst am zentralen und für die gewünschte Veränderung bzw. Entwicklung wichtigsten Punkt jedes Menschen an – an seinem gefühlsmäßigen Verhältnis zu sich selbst und an seinem eigenen Umgangsverhalten mit sich selbst. Denn nur wenn der Mensch sich seines wahren Wertes bewusst geworden ist, wenn er sich z.B. nicht nur rational auf der Verstandesebene anerkennt, sondern wenn er beginnt, ein warmherziges Gefühl von Liebe zu sich selbst zu empfinden, wenn er mit sich wahre Freundschaft entwickelt, findet er Anschluss an seine Energiepotenziale und die Kraft in seinem Inneren. Dadurch entsteht dann echtes Selbst-Vertrauen und Glaube an sich selbst – und damit Befreiung von Blockaden im Inneren und von Beeinflussungen durch andere.

8 Zwei grundlegende Gleichnisse – der dreischalige Brunnen und die Waage

Wie wir in der Psychopädie die Bezogenheiten zwischen den Bereichen Ich, Du und Gott verstehen, lässt sich am besten an zwei Bildern erklären, die sich weltweit in zahlreichen künstlerischen Darstellungen finden.

Das erste Bild stellt einen dreischaligen Brunnen dar. Solche Brunnen werden auch als Römische Brunnen bezeichnet. Gleichnishaft macht er uns deutlich, wie die Verhältnisse der drei Bereiche zueinander in einer sinnvollen Beziehung stehen können.

Das zweite Bild zeigt eine Waage. Und als solche kann man sie als ein Gleichnis dafür heranziehen, wie die Gewichtung der Verhältnisse des Menschen zu allem und jedem gestaltet ist und wo Änderungen angesetzt werden können.

Im Gleichnis vom Römischen Brunnen werden die drei Schalen sinnbildlich als ICH, DU und GOTT angesehen und das unaufhörlich fließende Wasser als die Energie des Lebens, als die alles erfüllende Liebe unseres Schöpfergottes.

Bei der Betrachtung sieht man, dass die – von ihrer Größe her unbedeutende, aber an erster Stelle das Wasser empfangende ICH-Schale erst dann in die darunter liegende größere DU-Schale überfließen kann, wenn sie ganz mit Wasser (Liebe) gefüllt ist. Und über diese Schale, wenn sie durch Nächstenliebe gefüllt worden ist, kann die Liebe wieder zurück zu GOTT, dem Ursprung und Ziel aller Liebe fließen.

Im Bild der Waage werden ICH, DU und GOTT auf andere Weise gleichnishaft in Beziehung gesetzt. Die eine Schale steht für das ICH und die andere für das DU (damit ist alles gemeint, was nicht ICH ist). ICH und DU sind jedoch nicht direkt miteinander verbunden, sondern stehen nur über den Waagebalken in Kontakt miteinander, dessen Drehpunkt zentraler Träger des Ganzen ist und der erst die Funktion des ganzen Systems ermöglicht. Er steht hier symbolisch für GOTT als den gemeinsamen Bezugs- und Bewegungspunkt für alles.

Nur wenn beide Seiten gleich schwer, d.h. gleich „(ge)wichtig" und somit „gleichgültig" sind und zugleich einen guten Bezug zur gemeinsamen höchsten Instanz haben, kann Balance entstehen, das heißt Harmonie und Frieden im Inneren des einzelnen Menschen und damit auch in der äußeren Welt.

Die in diesen Gleichnissen dargestellten Zusammenhänge bilden zusammen mit dem Liebesgebot als Konzentrat den geistigen Hintergrund allen psychopädischen Vorgehens.

9 Wer kann etwas ändern oder warum denn ich?

„Only the one who hurts you, can comfort you,
Only the one who inflicts the pain, can take it away!" – Madonna

Sicher würden wir die Welt gern dahingehend verändern, dass sie so wird, wie sie uns am besten passt. Gut wäre es auch, wenn alle (Mit-)menschen sich so verhalten, dass es mir passt und ich mit deren Verhalten keine Probleme habe.

Aber, einmal Hand aufs Herz, wäre das nicht auch schnell langweilig?

Wenn beispielsweise das Wetter stets so wäre, wie ich es gerade brauche, wäre ich dann zufriedener? Bedenken Sie einmal, womit wir alles mögliche Negative wie Kopfweh, Unzufriedenheit, Unlust, Depressivität usw. entschuldigen könnten oder was wir dann als Gesprächsstoff für manche Konversation nehmen könnten.

Die Geschichte vom Bäuerlein, das das Wetter machen wollte, weil es mit der himmlischen Regelung nicht einverstanden war, zeigt uns klar unsere Grenzen wegen unseres fehlenden globalen Überblicks und unserer Unkenntnis der Zukunft auf. In der Geschichte jedenfalls war das Bäuerlein froh, als es die zunächst unbedingt gewollte Aufgabe, das Wetter zu machen wieder abgeben konnte. Nicht nur, weil andere mit dem von ihm gemachten Wetter nicht einverstanden waren, sondern auch, weil es vieles in dem komplexen Geschehen nicht bedacht hatte und so nicht einmal für sich selbst optimale Ernteergebnisse erzielen konnte.

Lassen Sie uns daher gemeinsam ein paar Überlegungen anstellen, die für unser weiteres Vorgehen erleichternd sind. Da ist als Erstes die Frage, die Sie zunächst möglichst bei sich beantworten, ehe Sie zu unserer Antwort weiterlesen. Sie lautet: *Kann man einen anderen Menschen ändern?*

Ja und nein, sagen Sie? Dann stimmen Sie mit unserer Meinung überein. Ja – weil man einen anderen ändern kann, aber nur dann, wenn Gewalt angewendet wird, sei es körperliche Gewalt, wie mit einem Schwerthieb, oder sei es seelisch/geistige Gewalt, wie bei der so genannten Gehirnwäsche. Mit der Androhung von schwerwiegenden Konsequenzen können manchmal auch dauerhaft Verhaltensänderungen erreicht werden, wie wir Sie in dem Kapitel „Entstehung von Gehemmtheiten" beschreiben.

Nein – denn wenn wir auf die Anwendung von Gewalt verzichten, geht es nicht. Auch wenn wir es oft gerne und auch gutmeinend wollen, wenn wir beispielsweise bei anderen erkannte Fehler natürlicherweise sofort aktiv ändern wollen, gelingt dies nicht. Stattdessen führt dies sogar eher zu einer Verfestigung des Unerwünschten! Diese Erfahrung haben wir alle schon oft gemacht, wie wir auch in dem Kapitel *„Ich muss – ich möchte"* gezeigt haben.

Ein Beispiel: Beim Standesamt sind sich die Partner meist einig darüber, dass der/die jeweils andere der/die Richtige für ein erfolgreiches gemeinsames Leben ist. Fragt man bei beiden getrennt und gezielt nach, so lassen sich jedoch noch kleine störende Ecken herausfinden, von denen die Betreffenden aber überzeugt sind, dass sie diese dem/der anderen problemlos „wegbügeln" werden. Gelingt dies?

Bei späteren Befragungen in Eheberatungssituationen zeigt sich dann, dass diese Ecken bei den anderen eher größer geworden sind, als dass man sie hat „wegbügeln" können. So enden die meisten Versuche, andere nach dem eigenen Geschmack zu ändern, in Ärger. Es ist das Naturgesetz der Trägheit bzw. der Schwerkraft, dass auf dieser Welt jeder Veränderung eines Zustandes Widerstand entgegengesetzt wird.

Wenn man nun keinen anderen Menschen gegen seinen eigenen Willen ändern kann und dies darüber hinaus Konflikte schürt, warum lässt man die anderen dann nicht besser einfach so, wie sie nun einmal sind? Weil es manchmal sinnvoll sein kann, dass andere sich ändern, z.B. etwas dazu lernen. Es ist folglich hilfreich herauszufinden, wie Veränderungen dennoch stattfinden können.

Erfreulicherweise hat die Lernpsychologie herausgefunden, dass Menschen sich dann von selbst gerne ändern, wenn sie einem Vorbild nacheifern. Aber es ist nicht das Vorbild direkt, das sie ändert, sondern sie nehmen es zum Anlass, sich selbst dahingehend zu ändern. Der Weg geht daher über ein entsprechendes Vorleben im Sinne von lustvollem Vormachen des Erwünschten. Dann besteht Hoffnung auf die Veränderung. Aber dann müsste man ja sich selbst ändern?

Kann man sich denn selbst ändern?

Die Antwort ist eindeutig: Ja! Denn sonst könnte man beispielsweise nichts lernen und keine Erfahrungen machen. Aber solche eigenen Änderungen gehen nicht immer so leicht, wie man z.B. von dem Abgewöhnen des Rauchens weiß. Auch bei uns selbst gelten die Trägheitsgesetze! Daher benötigen wir für Änderungen ausreichend Energie.

Um sich ändern zu können, ist die erste Voraussetzung der Wille zur Veränderung. Er hilft, die Zielvorstellung zu konkretisieren. Bei der praktischen Umsetzung der Änderung ist er dann eher hinderlich. Das „Ich will, ich will, ich will dies und jenes jetzt unbedingt erreichen" führt bekanntlich eher zu Verkrampfung denn zu Erfolg. Vielmehr benötigen wir Energie, und die stärkste Energie, die wir kennen, ist die Liebe.

Ohne Liebe kein Leben. Mit Liebe fällt Lernen oft richtig leicht, wie man vom Erlernen einer Sprache im Lande und einer positiven zwischenmenschlichen Beziehung weiß. Wenn man also sich oder einem anderen zuliebe etwas bei sich ändern möchte, dann fällt dies viel leichter und hat länger Bestand, als wenn man sich dazu zwingt oder es gar aus Trotz tut.

Aus diesen Erkenntnissen bleibt nur zu folgern, auch wenn es uns oft so schwer fällt: Es gilt, die anderen so zu lassen und anzunehmen, wie sie sind. Es gilt, anstelle fruchtloser und nur Stress und Streit erzeugender Änderungsversuche bei anderen bei sich selbst damit anzufangen, Änderungen vorzunehmen, aus Liebe zu sich!

Nun könnte man meinen, dass sich dies nur auf den Umgang zwischen zwei Menschen bezieht, aber nicht auf das Ganze, daher noch die Frage: Kann denn ein Einzelner die Welt ändern? Die Antwort heißt: Ja, das kann er! Die Physik lehrt uns nämlich, dass jede einzelne Änderung in einem geschlossenen System zugleich das Gesamtsystem verändert, auch wenn es von uns vielleicht nicht gemessen oder wahrgenommen werden kann.

Wenn Sie also mehr Frieden auf der Welt wollen, dann können Sie dies erreichen, indem Sie bei sich mehr Frieden stattfinden lassen. So kann man indirekt auch andere ändern, sei es, dass man als Vorbild das erwünschte Verhalten lustvoll vorlebt oder sei es über die globalen Vernetzungen.

10 Ein erfolgreiches Konfliktlösungsmodell

„Jeden Augenblick des Lebens, er falle, aus welcher Hand des Schicksals er wolle, uns zu, den günstigen wie den ungünstigen zum bestmöglichen zu machen, darin besteht die Kunst des Lebens und das eigentliche Vorrecht eines vernünftigen Menschen." – Georg Christoph Lichtenberg, 1800

Wenn Menschen miteinander umgehen, dann werden natürlich von Zeit zu Zeit auch Konflikte zwischen ihnen auftreten. Besteht dabei der Wunsch an einer Fortsetzung des Miteinander, dann gilt es, den Konflikt einer einvernehmlichen Lösung zuzuführen. Doch wie kann das gehen? Beide Seiten sind ja an dem Geschehen beteiligt und schon dadurch befangen. Zudem vertritt jeder in erster Linie die eigenen Interessen, die nicht völlig deckungsgleich sind mit denen des anderen.

Am schönsten wäre die Konfliktlösung für uns, und diese Tendenz haben viele von uns, von dem anderen zu erwarten oder zu verlangen und darauf zu bestehen, dass dieser andere sich zumindest als erster wenn nicht ganz allein ändert und nicht wir. Nur leider denkt der andere ebenso! Zudem bemerkt der andere oft unser Problem nicht so wie wir oder gar nicht oder er leidet zumindest nicht so wie wir darunter. Woher sollte dann seine Motivation für eine Änderung kommen?

Die geschilderte Erwartungshaltung führt daher statt zur Auflösung zu einer weiteren Verhärtung des Konflikts. Könnte man denn dann wenigstens an der Beziehung zwischen beiden Parteien ansetzen? Das könnte gehen. Da aber beide Seiten Beteiligte sind, wird eine neutrale Instanz gebraucht, meist in Form eines am Konflikt unbeteiligten Dritten. In der Fachsprache nennt man dies dann das Aufsuchen der Meta-Ebene, z.B. durch Einführen eines unabhängigen Coachs, eines Mediators, eines Paarberaters oder Supervisors.

Verständlicherweise ist jedoch ein solches Vorgehen nicht für alle Alltagskonflikte geeignet, da es mit einigem personellem und finanziellem Aufwand verbunden ist. Sie merken vielleicht schon, worauf es hinausläuft: Es bleibt uns wieder einmal nicht erspart, auch für die erfolgreiche Konfliktlösung bei uns selbst die Veränderungen vorzunehmen und die andere Partei so zu lassen, wie sie nun einmal ist. „Immer ich", höre ich dann oft, „wo doch die andere Partei schuld ist!". Der sich daraus ergebende Vorteil wird jedoch gern übersehen: Jeder hat es selbst in der Hand, jeder kann unabhängig von anderen, unabhängig von deren Aktivitäten oder Gegebenheiten seine Konflikte selbst lösen! So haben auch Sie es in der Hand, Ihre Konflikte, die zwischenmenschlichen wie auch alle anderen, selbstständig durch Änderung Ihres Standpunktes, Ihres Blickwinkels zu lösen.

Aber halt, könnten Sie nun sagen, müssen wir nicht zuerst die Schuldfrage klären? Muss nicht derjenige, bei dem der größere Anteil der Schuld liegt, anfangen?

Einmal abgesehen davon, dass dies ein Ausweichmanöver vor eigener unangenehmer Veränderungsaktivität ist, schaffen Sie sich dadurch ein zusätzliches Problem, nämlich, dass erst der jeweilige Schuldanteil der Beteiligten genau geklärt werden muss, bevor die Lösung angegangen werden kann. Und dafür benötigen Sie wieder einen neutralen Dritten! Hinzu kommt, dass Klärungen von Schuldfragen kein guter Weg zu Problemlösungen sind, da Schuld sich stets in der Vergangenheit befindet und dann wie eine belastende Hypothek die Bewältigung der Zukunft erschwert.

Fazit: Eine einfache und schnelle Lösung zwischenmenschlicher Konflikte besteht tatsächlich darin, dass Sie sich bzw. Ihren Standpunkt ändern. Aus den oben geschilderten physikalischen Gesetzmäßigkeiten ist dann zwangsläufig die ganze Situation verändert.

Eine Möglichkeit zum praktischen Vorgehen: Halten Sie mitten in einem Streit einen Moment inne und überlegen Sie sich kurz, welche Bedeutung dieser Streit in Bezug auf die Millionen Jahre Menschheitsgeschichte haben wird. Durch diese Überlegung gewinnen Sie Abstand zu dem Streitinhalt und können dann leichter einen gelassenen neuen Standpunkt einnehmen. Viele Menschen müssen bei diesem Gedanken spontan lächeln, weil es, so gesehen, nur um eigentlich lächerliche Kleinigkeiten gegangen ist.

Es ist schon erstaunlich, dass es uns so schwer fällt, diese wirklich einfachen Schritte für ein harmonisches Miteinander zu gehen. Ein Grund dafür könnte auch sein, dass wir zum einen gerne Schuldner haben, dass wir uns besser fühlen, wenn wir glauben, bei anderen noch etwas gut zu haben. Zum anderen sind wir bestrebt, stets zu einem Ausgleich zu kommen, der in unseren Augen die Gerechtigkeit darstellt. Und dies ist eben oft nur dadurch möglich, so glauben jedenfalls viele, dass ungerechte Taten gerächt werden müssen, wenn der Schuldige sich nicht freiwillig und von selbst in der von uns gewünschten Weise ändert (was er ja in Wirklichkeit kaum tun kann). Dann müssen wir es ihm eben heimzahlen, so hört man manchmal. Überlegt man dies in Ruhe und ohne gerade selbst betroffen zu sein, dann fallen einem sicher einige Beispiele ein, in denen die Ausführung einer solchen Rache, die Gerechtigkeit schaffen soll, beschrieben wurde.

Das Ergebnis von Racheausübung wird mir besonders anschaulich, wenn ich Wild-West-Geschichten unter Titeln wie „Der Rächer" lese. Am Schluss stellt sich stets heraus, dass der Rächer derjenige von allen Beteiligten ist, der insgesamt am meisten verliert. Er wirft sozusagen sein Leben weg, weil ihm andere etwas Ungerechtes angetan haben. Hätte er vergeben können, dann wäre dies nicht der Fall. Daraus ergibt sich für uns die Übung, anderen zu verzeihen und zu vergeben! Nicht um der anderen willen, sondern um unsertwillen, damit wir uns an Rachegelüsten nicht selbst vergiften.

Eine Frage zum Nach-Denken: Was hat es eigentlich mit „Nachtragen" auf sich? Wer trägt hier, weshalb, für wen und mit welchem Ziel?

11 Der Ist-Zustand der seelischen Verfassung

Eine Bestandsaufnahme, die uns unseren aktuellen seelischen Zustand erkennbar machen soll, zielt in erster Linie darauf ab, dass jedem möglichst rasch deutlich wird, wie er tatsächlich mit sich selbst umgeht.

Ganz einfach wäre die direkte Frage: Wie gehe ich eigentlich mit mir selbst um? Nur häufig verstehen Menschen diese Frage nicht, weil sie – und dies ist unserer Erfahrung nach meistens der Fall – über ihren tatsächlichen Umgang mit sich selbst noch nicht besonders nachgedacht haben. Und es könnte eingewandt werden, warum wir diese Frage nach dem Umgang mit uns selbst in den Vordergrund stellen und nicht die Frage nach den traumatischen Ereignissen, d.h. nach den erlittenen Schicksalsschlägen, die uns geprägt haben?

Eine ausführliche Antwort ergibt sich aus dem, was wir später über die Seele ausführen. Doch soviel sei schon hier gesagt: Die Art und Weise, wie ein Mensch zunächst einmal mit sich selbst umgeht, ist Teil seiner Seele. Und die Aussage, dass jemand psychisch oder psychogen gestört ist, bedeutet dann, dass der Betreffende in seinem Umgang mit sich selbst gestört ist. Folglich ist unter dieser Voraussetzung und in diesem Zusammenhang nicht in erster Linie wichtig, was der Betreffende erlitten hat, sondern wie er Frustrationen und Schicksalsschläge aufgenommen, wie er sie beantwortet und verarbeitet hat.

Während es im körperlichen Bereich vielerlei Krankheitskeime gibt, haben wir es im seelischen Bereich mit einem einzigen Krankheitserreger zu tun. Und zwar handelt es sich bei diesem Feind für die seelische Gesundheit um gegen sich selbst gerichtete, feindselige Angriffshandlungen, die wir als Autodestruktion (Selbstbeschädigung, Selbstzerstörung) bezeichnen. Autodestruktionen können vorsätzlich oder fahrlässig oder sogar unbemerkt oder verdeckt (indirekt) begangen werden. Sie sind in jedem Fall schädlich, verursachen Störungen und schließlich Krankheitszustände.

Folglich hängen die Aussichten für den Erfolg psychopädischer Bemühungen davon ab, ob der Betroffene gegebenenfalls entdeckt, dass er sich autodestruktiv misshandelt und ob er den Willen und die erforderliche Liebe (Energie) aufbringen will, um sich seine Autodestruktion durch positive Autosuggestion zu ersetzen. Das ist der Grund dafür, warum wir an erster Stelle den Umgang untersuchen, den der Betroffene mit sich selbst praktiziert.

Primär und grundsätzlich geht es dabei um die Frage, ob Sie – und zum tieferen Verständnis stellen Sie sich bitte in diesem Fall vor, der/die Betreute zu sein – freundschaftlich und warmherzig mit sich umgehen oder ob Sie ein ruppiges, perfektionistisches, ablehnendes Verhältnis zu sich haben, ob Sie dazu neigen, sich Vorwürfe zu machen, sich zu ärgern oder ob Sie sich lieber beistehen und trösten.

Es wäre nun erfreulich einfach, wenn mit der direkten Frage „Mögen Sie sich eigentlich?" Ihr Verhältnis zu sich selbst ohne Umwege geklärt wird. Doch meistens wird diese überraschende Frage mit der Gegenfrage „Wie meinen Sie das?" beantwortet. Um dies zu erläutern, ohne unser Ziel der Klärung aus den Augen zu verlieren und um eventuelle Missverständnisse zu vermeiden, berichte ich über einen Vorfall, der sich kürzlich zugetragen haben könnte:

„Mir fällt gerade ein Erlebnis ein, das mich noch immer bewegt. Da sehe ich drüben auf der Hauptstraße, wie ein Ball auf die Fahrbahn rollt. Ich ahne, was passieren wird, und tatsächlich, ein kleiner Junge rennt dem Ball nach, um ihn zu retten. Ein Auto streift ihn und wirft ihn an den Rand der Straße. Gott sei Dank ist ihm außer einem Schock und ein paar Hautabschürfungen nichts passiert. Sein Vater jedoch – er hatte den Vorfall auch gesehen – rennt zu dem Jungen hin, reißt ihn hoch, gibt ihm eine Ohrfeige und beschimpft ihn: ‚Ich habe dir doch gesagt, du sollst nicht auf die Straße laufen!'"

„Wie finden Sie das?", frage ich jetzt Sie an dieser Stelle. Am günstigsten ist es, wenn Sie – und dies ist die häufigste Reaktion – gleich „schrecklich" empfinden und sagen. „Schrecklich! Dieser Vater sollte froh sein, dass es noch einmal glimpflich abgelaufen ist. Er sollte den Jungen erst einmal in den Arm nehmen! Er sollte ihn trösten und nachsehen, ob er sich verletzt hat." Es könnte aber auch sein, dass Sie stattdessen das negative Urteil über das Verhalten jenes Vaters innerlich vorwegnehmen und ihn entschuldigen: „Na ja, ich kann das gut verstehen, der war eben ganz schön schockiert! Das kann man ihm eigentlich nicht übel nehmen!"

Mit Ihrer ersten Antwort machen Sie sich zum Anwalt für das Kind, im zweiten Antwortbeispiel machen Sie sich zum Anwalt für den Vater. Das heißt, beide Male machen Sie sich gleichermaßen zum Anwalt für jemanden, der sich gerade falsch verhalten hat.

Da wir davon ausgehen, dass auch Sie, wie jeder Mensch, gelegentlich Fehler machen, knüpfen wir an diese, Ihre Antwort an, wenn wir nun fortfahren: „Es gibt einen Grund dafür, dass mir dieses Erlebnis gerade jetzt eingefallen ist. Mir schwebt nämlich die Frage vor, wie Sie mit sich umgehen, wenn Sie einen Fehler gemacht haben: Schimpfen Sie dann als Erstes mit sich, oder trösten Sie sich? Sind Sie dann eher so wie der von mir beschriebene Vater, oder eher so, wie Sie ihn beschrieben haben, wie er sein sollte?"

Die bei den meisten nun eintretende, nachdenkliche Pause zeugt davon, dass die Frage in einen Bereich des Erlebens führt, der nicht besonders geläufig ist. Lautet die Antwort: Ich schimpfe nie mit mir, sondern ich tröste mich stets!, und ist diese Antwort wohl bedacht und überzeugend, dann spricht dies dafür, dass der Betreffende insoweit seelisch gesund ist.

Erkennen Sie sich hingegen in dem Verhalten jenes Vaters wieder, indem Sie sagen: Mal so, mal so. Oder indem Sie erklären, man dürfe doch nicht kritiklos sein und sich alles durchgehen lassen; oder gar indem Sie sagen, es komme ganz drauf an, ob es etwas Nebensächliches oder etwas Wichtiges sei; dann ergänze ich vielleicht: „Wenn ich Sie recht verstehe, dann sollte der Vater das Kind nur dann trösten, wenn nichts Ernstliches passiert ist. Wenn dagegen ernstere Verletzungen bestehen, dann ist die Ohrfeige angebracht!?"

Daraufhin pflegt der Betreffende oft eine Weile nachdenklich zu schweigen und dann zu sagen: „Eigentlich ist das wohl falsch! Aber ich bin ja nur zu mir so, zu den anderen nicht!"

„Und dabei", so vollendet der Psychopäde dieses Bekenntnis, „verbringen Sie die ganze Zeit Ihres Lebens mit sich selbst. Sie sind außerdem das einzige Lebewesen, das Ihnen völlig wehrlos ausgeliefert ist! Das Verhalten, das wir gerade in Ihnen entdecken, ist giftig, genau genommen ist es ein scheibchenweiser Selbstmord!"

Damit ist eine erste Bestandsaufnahme der seelischen Verfassung abgeschlossen. Es ist festzuhalten, dass wir gemeinsam mit dem Betreuten herausfinden wollen, in welchem Maße er autodestruktiv mit sich umgeht. Je mehr das Verhalten des Befragten dem des Vaters ähnelt, ist es gleichbedeutend mit dem Vorliegen von seelischer Gestörtheit, die nun ihrerseits mannigfache Schwierigkeiten im sozialen Bereich, aber auch im körperlichen Befinden nach sich zieht.

Falls Sie jetzt bei sich so ein autodestruktives Verhalten entdeckt haben und dies ernsthaft ändern wollen, kommen die in den weiteren Kapiteln beschriebenen

Übungen als hilfreich für Sie in Frage. Sollten Sie jedoch zu dem Ergebnis gekommen sein, dass erst die anderen sich ändern müssen, bevor Sie bei sich anfangen, dann legen Sie dieses Buch besser jetzt gleich weg, denn es würde Sie nur ärgern.

12 Egoismus und das Gleichnis vom römischen Brunnen

„Egoismus ist zunächst ein Ausfluss des natürlichen Selbsterhaltungstriebes, der auch ethisch vom Wert des Lebens gefordert ist. Er ist notwendig zur Erkenntnis und Verwirklichung der Persönlichkeitswerte und zur Erfüllung der sittlichen Pflicht, die eigenen Anlagen und Fähigkeiten zu größtmöglicher Vollendung zu bringen. Verwerflich wird er erst, wenn dem fremden Leben und der fremden Persönlichkeit weniger Wert beigemessen wird als der eigenen, wenn die Rechte anderer verletzt werden."
– Heinrich Schmidt, Philosophisches Wörterbuch 1978

In der Psychopädie beginnen wir damit, uns selbst auch als Erwachsene als wichtigste Lebensaufgabe in den Vordergrund zu stellen und nicht etwa den Nächsten. Da viele Menschen gelernt haben, dass vor einem selbst der Nächste kommt, könnte zu Beginn einer psychopädischen Betreuung fälschlich der Eindruck entstehen, man solle ein „verwerflicher" Egoist werden. Doch dies wird gerade nicht angestrebt.

In Anlehnung an die oben zitierte Definition kommt es gerade darauf an, damit zu beginnen, sich den Satz zu eigen zu machen: „Erst komme ich, und dann kommt eine Weile gar nichts. Und dann komme wiederum ich. Dann kommt wiederum eine ganze Weile gar nichts. Und dann schließlich und endlich komme ich. Und dann kommt überhaupt nichts mehr. Wenn dann noch etwas übrig bleibt, dann erst kommen die anderen." Tatsächlich zeigt sich, oh Wunder, dass dann die anderen im Allgemeinen noch viel mehr bekommen als sie erhalten hätten, wenn ich es ihnen von Anfang an gegeben hätte.

Denn ist jemand verwerflich, der in erster Linie an sich denkt, der vorzugsweise im eigenen Interesse handelt, indem er seinen Hunger selbst stillt oder es vermeidet, seinen Anzug zu beschmutzen oder zu zerreißen, und der sich von einer Beschäftigung zurückhält, die er nicht mag und die er auch nicht unbedingt tun muss?

Um es Ihnen gleich vorweg zu sagen: Wir glauben nicht, dass es sich um „verwerflichen" Egoismus handelt, wenn man sich liebt, wenn man im eigenen Interesse handelt und dafür sorgt, dass man gesund und gut eingebettet ist in wache und warmherzige Verhältnisse zu seiner Familie, zu seinem Volk, zur ganzen Menschheit, zur ganzen Welt und zu Gott. Allgemein wird unter dem, wie der Begriff Egoismus leider gemeinhin benutzt wird, nur der verwerfliche Egoismus verstanden, der tatsächlich ein neurotisches Verhalten beschreibt, nämlich das eines Menschen, der weder sich selbst noch andere liebt, der lediglich mit Argwohn und anderen autodestruktiven Einstellungen übermäßig auf sich selbst achtet und darüber andere Ganzheiten, deren Teil er ist, vergisst, falls er sich nicht sogar von ihnen beeinträchtigt fühlt.

Wir gehen davon aus, dass die Störung eines jeden, der eine psychopädische oder -therapeutische Beratung oder Behandlung braucht, unter anderem in seinem verwerflichen Egoismus liegt, und dass die Psychopädie einen Weg zeigt, wie man diesen neurotischen Egoismus ablegen kann.

Uns schwebt als Bild eine Kette vor. Man sagt, dass jede Kette so stark ist wie ihr schwächstes Glied. Wenn nun jemand im Bewusstsein, selbst Glied in einer Kette zu sein, sich pflegt und stark macht, um so gleichzeitig der ganzen Kette zu dienen, dann ist er gewiss kein verwerflicher Egoist. Neurotische Menschen sind dagegen irgendwo mit dem „Wir", zu dem sie gehören, mit der Gemeinschaft, mit der Familie, mit dem Elternhaus, mit dem Ehepartner und letzten Endes mit allen Menschen zerfallen. Wer beispielsweise sein Handeln „vom anderen her" plant, ist deshalb keineswegs ein Liebender, wie wir im Kapitel „Müllers und Schultzes" deutlich machen. Er ist vielmehr unselbstständig und zehrt an den Kräften derer, die er für sich in Anspruch nimmt. Ja, er ist nicht selten davon überzeugt, dass es ihm zusteht, von anderen gepflegt und umsorgt zu werden, wo er sich doch – wenigstens seiner eigenen Meinung nach – zeitlebens selbstvergessen für andere kaputtmacht.

Sie hören aus der Wendung „sich für andere kaputtmacht" ganz gewiss schon heraus, dass da ein Verhalten gezeigt wird, das wir als autodestruktiv bezeichnen, gegen das man sich in einer psychopädischen Betreuung verbündet.

Jesus hat gesagt, dass es nicht gut ist, wenn Blinde sich zum Führer von Blinden machen oder wenn man sich um die Augenverletzung eines anderen kümmert, ehe man das verletzte eigene Auge behandelt hat. Und bekanntlich fließt auch erst ein voller Topf über. So ist das unablässige Herumfummeln am eigenen Aussehen, wie es beispielsweise der Eitle tut, beileibe keine liebevolle Zuwendung zu sich selbst, sondern Ausdruck von Minderwertigkeitsgefühlen und von Selbsthass. Das Gleiche gilt für den Hypochonder, der sich unablässig betrachtet, um jeden Schmerz, jeden Pickel, jeden blauen Fleck als Signal für unmittelbar bevorstehendes Siechtum zu deuten. Das sind Beispiele für die als verwerflichen Egoismus zu bezeichnende Neurose.

Wer sich dagegen warmherzig annimmt, so wie er ist, wer sich schon in der Frühe mit seinem eigenen Namen begrüßt und Gott dafür dankt, dass er mit seinem

Körper leben darf, wer sein Leben und seine Bedürfnisse aus Gottes Hand in die eigene Verantwortung nimmt, der ist als Egoist ein wirklich Liebender mit einer belebenden Ausstrahlung.

Conrad Ferdinand Meyer hat diese Zusammenhänge in einem Gedicht mit dem Titel „Der römische Brunnen" trefflich auf den Punkt gebracht:

Der römische Brunnen

Aufsteigt der Strahl und fallend gießt
Er voll der Marmorschale Rund,
Die, sich verschleiernd, überfließt
In einer zweiten Schale Grund;
Die zweite gibt, sie wird zu reich,
Der dritten wallend ihre Flut,
Und jede nimmt und gibt zugleich
Und strömt und ruht.

In unserem Verständnis entspricht die oberste Schale dem „Ich". Sie ist die kleinste und unbedeutendste. Sie hat den kleinsten Durchmesser und das geringste Fassungsvermögen. Aber sie wird als Erste mit dem Wasser des Lebens, d.h. mit Liebe angefüllt. Und erst, wenn sie voll gefüllt ist, fließt sie – dabei sich verschleiernd – über und füllt nun die nächstgrößere Schale, die wir die „Du"-Schale nennen. Ihr Durchmesser und ihr Fassungsvermögen sind wesentlich größer. Sie ist das Gefäß der Nächstenliebe.

Fließt auch dieses über, füllt sich damit das große untere Rund, das der Liebe zu Gott entspricht. Christen kennen ihn als Menschensohn Jesus und können in dem Römischen Brunnen ein Gleichnis des mosaischen, christlichen und islamischen Liebesgebotes wiedererkennen.

Aus dem Gedicht können wir noch zwei Gedanken entnehmen, die wir nicht unerwähnt lassen wollen, nämlich erstens, dass wahre Nächstenliebe verschleiert ist im Sinne von: Tue deinem Nächsten Gutes, aber sprich nicht darüber. Zweitens schreibt der Dichter, dass jede Schale nimmt und gibt. Wir gehen daher davon aus, dass er diese Reihenfolge, Nehmen kommt vor Geben, mit Bedacht gewählt hat. Denn wie will jemand geben, der nicht zunächst dafür gesorgt hat, etwas zu haben? Wer von einem ungedeckten Konto Spenden macht, von dem heißt es, dass nur ein Lump mehr gibt, als er hat. Wer sich den lieben langen Tag für andere umbringt, wie man so sagt, dessen Gaben sind – in der Banksprache gesprochen – sämtlich

Wechsel auf Zukunft. So jemand entwickelt unausweichlich eine mit der Zeit sich immer stärker ausprägende Anspruchshaltung, sei sie auf einen bevorzugten Platz im Jenseits, sei sie auf Rente oder andere Zuwendungen im Diesseits gerichtet.

Ein weiteres Beispiel für diese Zusammenhänge ist ein Orchester. Bevor ein Konzert aufgeführt wird, stimmen die Musiker zunächst ihre Instrumente. Sie erfüllen damit ihre Pflichten sich selbst und dem eigenen Instrument gegenüber. Der Grundton, an dem die Musiker sich dabei orientieren, ist vorgegeben und entspricht dem göttlichen Leben. Dies entspricht dem grundlegenden Liebesumgang des Menschen mit sich selbst. Erst wenn das eigene Instrument gestimmt ist, erfolgt – orientiert am Dirigenten – die Kooperation mit den übrigen Musikern. Dies entspricht der geübten Nächstenliebe. Die Aufführung des Musikwerks bringt nicht nur die wohlgestimmten Instrumente in ihren Eigenarten, sondern die ganze Partitur zum Erklingen: Das entspricht dem großen göttlichen Rund des Römischen Brunnens.

„Liebe Gott über alles und deinen Nächsten wie dich selbst!" Die Liebesordnung scheint – entsprechend diesem universellen Liebesgebot – darin zu bestehen, dass wir Gott erst dann lieben können, wenn wir den Nächsten lieben, den wir sehen, und dass wir den Nächsten erst dann lieben können, wenn wir selbst ein gefülltes Gefäß geworden sind, das überfließt.

Ein anderes Beispiel handelt von einem Flieger. Er musste mit seinem neunjährigen Sohn in der Wüste Nordafrikas notlanden. Beide waren glücklicherweise unverletzt geblieben. Der Vater hatte noch einen Kompass und eine Landkarte, mit deren Hilfe er feststellen konnte, wo sich die nächste Oase befand, die er zu Fuß in anderthalb Tagen würde erreichen können. Beide besaßen zusammen noch eine halbe Feldflasche voll Wasser. Dem Vater war klar, dass er die Oase nur dann erreichen würde, wenn er das ganze Wasser mit auf den Weg nimmt. Er musste sich schweren Herzens dazu entschließen, dem Sohn zu sagen: „Du bleibst hier im Schatten des Flugzeugs, und schütze dich, so gut du kannst, vor den brennenden Sonnenstrahlen! Morgen hole ich dich!" Obgleich der Sohn über Durst klagte, gab ihm der Vater nichts, sondern nahm den ganzen Trunk mit auf seinen Weg zur rettenden Oase, wohlwissend, dass jedes Nachgeben, jedes vordergründige Mitleid für beide den sicheren Tod bedeuten würde. Nachdem er die Oase glücklich erreicht hatte, konnte er von dort aus mit einem Wagen zu seinem Sohn zurückkehren und auch ihm auf diese Weise das Leben retten.

Betrachtet man nur die Situation, wie der Vater den Sohn in der Wüste allein lässt und ihm nichts zu trinken gibt, dann müsste man den Vater für einen verwerflichen Egoisten halten.

Überprüfen Sie selbst Ihr Gefühl!

Wenn wir geboren werden, sind wir zunächst hilflos und auf Liebe von außen her angewiesen. Je erwachsener wir werden, um so weniger Ansprüche auf Liebe von außen her bleiben übrig. Ja, wir nennen einen Menschen erst dann einen Erwachsenen, wenn er alle Vater- und Mutterfunktionen, die in seiner Kindheit beispielsweise von seinen Eltern verwaltet wurden, nunmehr in eigene Regie genommen hat und so ein Liebender geworden ist. Wo er sich hingegen noch immer auf einer von ihm selbst unbemerkten Vater- oder Muttersuche befindet, d.h. Liebe von außen her beansprucht, da nennen wir ihn noch nicht erwachsen. Da ist er retardiert, d.h. in seiner Entwicklung zurückgeblieben. Er ist insoweit kindisch geblieben und neurotisch geworden.

Machen wir uns noch einmal klar, dass unser Leib ein uns anvertrautes, unser wertvollstes Gut ist, und dass wir uns beschädigen, wenn wir uns zu stets höheren Leistungen antreiben, ohne dabei zu berücksichtigen oder gar zu vergessen, uns wie einem kostbaren Instrument mit der nötigen Dankbarkeit und Achtung zu begegnen, wie wir sie aber anderen Menschen und Dingen angedeihen lassen, mit denen wir Umgang haben. Kurz gesagt, eine wichtige Übung für Ihre seelische Gesundheit ist es, dass Sie Ihren gesunden Egoismus wieder mehr zulassen, indem Sie sich bewusst machen, dass Sie noch viel mehr von Ihrer Liebe und Pflege brauchen, die Ihnen jedoch nicht von außen her zusteht, die Sie vielmehr sich selbst unablässig zuwenden sollten.

In dem Maß, wie Sie das fertig bringen, sind Sie dann fähig, Liebe von anderen ungeschmälert anzunehmen (siehe Kapitel *Das Kaffeehaus*). Und vergessen Sie nicht: Auch Sie sind ein Tempel Gottes und damit ein Heiligtum! Auch Sie sind sich selbst gegenüber und damit für sich auch ein Du, ein Allernächster.

13 Das Selbstgespräch

Sprechen Sie eigentlich mit sich? Innerlich – oder laut – oder beides, mal so, mal so? In welchem Ton sprechen Sie mit sich? Eine nächste wichtige Übung ist es, einmal darauf achten. Dann werden Sie umgehend bemerken, dass auch Sie – wie jeder Mensch – mit sich sprechen, den lieben langen Tag, mal laut, z.B. beim Einkaufen: „Habe ich jetzt alles?" oder mal leise, bei innerlichen Entscheidungsfindungen oder um sich zu etwas zu motivieren.

Viele Menschen sprechen gelegentlich laut zu sich, ohne dass es ihnen richtig bewusst wird, dass sie überhaupt etwas sagen: nämlich dann, wenn sie mit sich schimpfen. Erinnern Sie sich an Boris Becker? Dann ist Ihnen sicher erinnerlich, wie er sich in Tennisturnieren laut beschimpft hat, wenn es einmal nicht so gut lief, oder aber sich zwischendurch auch laut angefeuert hat. Fragen Sie sich einmal selbst, wie Sie mit sich sprechen, wenn Sie einen Fehler gemacht haben oder gescheitert sind bzw. eine Niederlage erlitten haben. Einer anderen Person, die man mag, würde man den gleichen Fehler oft leicht verzeihen!

Gerade im Bereich des Hochleistungssports wurde schon vor Jahren von dem Amerikaner Timothy Gallway und anderen (in Deutschland von Stefan Schaffelhuber und Carlo Knauss unter dem Titel *Inner Coaching*) auf die Bedeutung und den Einfluss des inneren Selbstgespräches auf die Leistung hingewiesen.

Hier ist eine wichtige Ansatzmöglichkeit, durch die bewusste Wahrnehmung des eigenen Selbstgespräches, und zwar sowohl vom Inhalt her wie auch vom Tonfall, seinen Umgang mit sich zu überprüfen und gegebenenfalls in Richtung auf einen warmherzigen Umgang mit sich hin zu ändern. Vorwiegend leise und von uns selbst bewusst nicht wahrgenommen, findet dieses Selbstgespräch ununterbrochen statt. Man kann sich seine Wirkung vorstellen, wenn man es mit einer Melodie vergleicht, die man unentwegt über einen inneren Kopfhörer als Begleitmusik zum Tagesablauf hört. Stellen Sie sich bitte einmal vor, das innere Gespräch verläuft überwiegend im Befehlston: „Tu dies! Mach schnell! Stell dich nicht so an!" usw. Dass dies einen wirksamen Einfluss auf sein Verhalten und seinen alltäglichen Umgang mit allem und jedem hat, ist kaum zu bezweifeln.

„Sprechen Sie auch mit Ihrem Körper oder Ihren Organen?" können wir noch ergänzend fragen. Dies erscheint den meisten Menschen fast noch abwegiger als das bisher Gesagte. Dabei tun wir es alle, wiederum oft leise bzw. innerlich, aber gelegentlich auch laut.

Ein Beispiel: Sie sitzen entspannt in einem Konzertsaal, damit Sie die gleich erklingende Musik so richtig genießen können. In diesem wohligen Zustand entspannt sich nicht nur der Geist, sondern auch der Körper und seine Muskulatur. Dazu gehört auch die Muskulatur der Eingeweide und so können Sie manchmal hören, wie in der Stille neben Ihnen ein Magen knurrt. Dessen Besitzer zischt daraufhin „Ruhe"! Er spricht mit seinem Magen! Oder bei körperlichen Schmerzen wird man gelegentlich Zeuge, wie mit dem schmerzenden Bereich gesprochen wird.

Überprüfen Sie bitte einmal bei sich selbst, wie Sie dies handhaben. Ob Sie sich tröstend oder schimpfend diesem schmerzenden Körperbereich zuwenden. Gesundheitsfördernd ist es zu üben, dieses Gespräch mit dem Körper, besonders wenn Beschwerden auftreten, warmherzig zu gestalten.

Wenn man Menschen fragt, was sie so ausmacht, ist die Antwort meistens: Körper, Seele und Geist. Im folgenden Kapitel werden wir uns mit dem Verständnis und der Bedeutung dieser Antwort auseinandersetzen.

14 Der Mensch: ein Körper-Geist-Seele-Wesen

Grundlegend gehen wir bei unseren Überlegungen davon aus, dass der Mensch ein Körper-Geist-Seele-Wesen ist. Diese vernetzte Dreifaltigkeit macht für uns den ganzen Menschen aus. Beginnen wir mit einem gleichnishaften Bild, das uns für unser Verständnis der Zusammenhänge hilfreich ist.

Nehmen wir einmal einen Hefezopf oder einen Haarzopf. Wie ist ein solcher Zopf gebaut? Völlig klar, man muss einen entsprechenden Teig haben und diesen dann zunächst zu drei möglichst gleichen Teigsträngen rollen. Diese werden dann in einer ganz bestimmten Weise zueinander in Beziehung gesetzt, nämlich miteinander verflochten. Erst wenn diese Verflechtung vollständig erfolgt ist, sprechen wir von einem Zopf. Die einzelnen Teile, jeder für sich genommen, sind nicht der Zopf. So etwa stelle ich mir das mit den Bereichen Körper-Geist-Seele vor, wenn Sie diesen Vergleich gestatten. Jeder einzelne Aspekt bezeichnet einen Strang und kann als solcher auch für sich betrachtet werden. Von einem Menschen können wir jedoch nur sprechen, wenn wir den fertig geflochtenen Zustand betrachten und uns bewusst sind, dass dafür die Teile untrennbar miteinander verbunden sind.

Nun ist es für einen schön aussehenden Haarzopf notwendig, dass die einzelnen Stränge zuvor jeder für sich gekämmt und geordnet werden, bevor man sie miteinander verflicht. Man kann sich dies so vorstellen, wie es in einem integrativen Beratungskonzept sein würde, bei dem alle unterschiedlichen Anwendungen im besten Fall zu einem harmonischen Ganzen zusammengefügt sind.

Wenn wir für unser Ziel, die seelische Gesundheit zu schützen und die Zusammenhänge verständlich zu machen, jeden Strang zunächst für sich allein betrachten, so behalten wir im Kopf, dass diese Trennung künstlich ist und nicht der ganzen Wirklichkeit gerecht wird. Es erhebt sich zunächst die Frage, was wir unter den Begriffen Körper, Geist und Seele des Menschen verstehen wollen. Mit unseren im Folgenden geschilderten Definitionen wollten wir eine Verständigungsebene herstellen, auf der Missverständnisse vermieden werden können. Dabei haben Sie den größten Gewinn, wenn Sie, bevor Sie unsere Antwort lesen, für sich selbst überlegen, was Sie bisher unter dem jeweiligen Begriff verstehen.

Unsere Antwort lautet: Mein Körper ist alles, was an mir materiell ist und mit dem ich mich mehr oder weniger identifiziere. Damit ist all das gemeint, was ich materiell als zu mir gehörig ansehe (wozu z.B. auch Zahnplomben oder Prothesen gehören). Als ein Gegenstand der physikalischen Welt ist der Körper des Menschen das als Organismus gewachsene, aus Zellen gebaute, stoffwechselnde, materielle Substrat seines Lebens. Insofern bin ich ein körperliches bzw. leibliches Lebewesen. Demnach unterliege ich mit meinem Körper den Naturgesetzen wie alle Materie. Die Verletzungen und Krankheiten, die aufgrund dieser meiner Leiblichkeit und Weltlichkeit entstehen, werden als leiblich bedingt oder, was dasselbe bedeutet, als somatogen bezeichnet. Verletzungen und Krankheiten, die sich nur leiblich auswirken, gelten als körperlich (somatisch).

Nun ist aber der Mensch nicht nur identisch mit seinem Körper. Er besitzt ihn auch. Er ist ihm gegenüber. Der Mensch ist nicht nur ein Teil der Welt, sondern er hat zugleich Anteil an ihr – er nimmt teil an ihr. Er ist allem und jedem, auch sich selbst, gegenüber. Er kann mit sich sprechen, mit sich umgehen, kann auf sich und seine Mitwelt einwirken. Er kann seine Organe belehren, er kann seinen Körper pflegen aber auch misshandeln, ja er kann sich sogar töten. Das bedeutet, dass ich nicht nur leiblich und weltlich, sondern auch leibhaftig und weltteilhaftig bin, dass ich zu mir, zu allen meinen Funktionen, zu aller Welt, in Vergangenheit, Gegenwart und Zukunft Verhältnisse habe, dass ich Verhältnisse geschafft habe, schaffe und noch schaffen werde. Diese Verhältnisse sind nicht als chaotisch zusammengewürfelt vorzustellen. Sie sind abrufbar. Ich kann sie ändern und lenken. Sie sind wie mein Körper zu einer Gestalt erwachsen, die ich selber bin. Das ist meine Seele, die ich habe und die ich natürlich auch bin. Eine Aussage, die für die Seele ebenso zutreffend ist wie für den Körper, den ich habe und der ich bin.

Der Geist, der in der Entstehung vermutlich vor allem anderen war, ist die Idee, der schöpferische Gedanke, der den Menschen ausmacht, der ihm Sinn und Funktion verleiht. Er ist repräsentiert in der Individualität eines jeden Menschen, die wir in jeder Zelle und beispielsweise auch im genetischen Fingerabdruck finden können. Mit anderen Worten: Als ein Gebilde der geistigen Welt ist der Geist des Menschen sein ihn programmierendes Leben, das den Menschen und zugleich seinen Schöpfer repräsentiert. Als das Handelnde ist die seelische Welt des Menschen, die Welt des Fühlens und Handelns, die zu einer Gestalt gewachsene Art und Weise, mit sich, mit anderen und mit Gott umzugehen.

Die Seele ist demnach aus den von ihm zu allem und jedem errichteten Verhältnissen gebaut. Sie mischt Leibliches (Sinneseindrücke) und Geistiges (Vorstellungen, Werte, Normen, Erinnerungen) zum jeweils gegenwärtigen Erleben, zu Entscheidungen und Taten. Sie ist das Menschliche des Menschen. Ausführliche Erläuterungen zu diesen Definitionen finden Sie in den Büchern „Kränkung, Krankheit, Heilung", „Behindert sein" oder in „Individuelle Psychoanalyse als Gruppentherapie".

> *„Die Frucht des Geistes ist Liebe, Freude, Friede, Geduld, Freundlichkeit, Güte, Treue."* – Galater, 5, 22

Diese mehr theoretischen Definitionen können wir gleich nutzen und in unseren Alltag übernehmen, indem wir uns überlegen, was wir für die Pflege und den Erhalt jedes einzelnen Stranges bereits tun und wo wir Verbesserungsmöglichkeiten finden.

Für den Körper tun wir ja eine ganze Menge, nicht wahr? Täglich achten wir darauf, ihn möglichst gesund und ausreichend zu ernähren, ihn mit allerlei Cremes und dergleichen zu pflegen und ihn fit zu halten, indem wir uns entsprechenden Fitnessprogrammen unterziehen. Und was tun wir für unseren Geist und für unsere Seele? Der Zopf „Mensch" ist ja erst richtig schön, wenn alle drei Stränge möglichst gleichmäßig geformt sind. Für den Geist können wir uns auch geistige Nahrung zuführen. Solche Nahrung ist nach unserer Definition beispielsweise geistreiche Literatur. Damit sind Texte gemeint, die sich mit dem Sinn und der Idee des menschlichen Lebens befassen. Trainieren können wir unseren Geist, indem wir unseren Denkapparat mit Diskussionen und Gedankenspielen wie Kreuzworträtseln oder Schachspielen fit halten und unser Gedächtnis ausreichend fordern (brain-gym).

15 Heranlieben, eine wichtige Seelenübung

„Die Seele nährt sich von dem, an dem sie sich freut." – Augustinus

„Menschenkenntnis erwirbt man sich hauptsächlich dadurch, dass man sich bemüht, unsympathische Leute zu verstehen!" – Pearl S. Buck

Bleibt für dieses Kapitel das Training und die Ernährung der Seele. Stellen Sie sich vor, Sie sind Arzt, Lehrer, Verkäufer oder Mitglied in einem Verein. Überall gibt es Menschen oder auch Gegebenheiten, die Ihnen nicht schon von Haus aus liegen, die Sie nicht spontan mögen. Sie werden vermutlich diesen Menschen so gut es geht aus dem Weg gehen. Aber manchmal können Sie das nicht. Ich denke da an berufliche Begegnungen. Hier treffen Sie manchmal mit Menschen zusammen, die Ihnen so richtig als Zuwiderlinge erscheinen. Verständlicherweise sollen diese Menschen beispielsweise nicht als Kunden verloren gehen, sie können ihnen aber nur helfen, wenn Sie sich ihnen zuwenden. Es kann auch sein, dass jemand, den man eigentlich mag, ein Hobby hat, das einem gar nicht liegt, und die Freundschaft leidet erheblich darunter. In beiden Fällen ist es günstig, wenn man Möglichkeiten zur Verfügung hat, mit deren Hilfe man die eigenen inneren Widerstände überwinden kann und der Kontakt dann zumindest erträglich, wenn schon nicht schmackhaft wird.

Betrachtet man die einschlägige Literatur zu diesem Thema, so wird deutlich, dass Menschen oder auch Dinge dann besonders unangenehm erlebt werden, wenn man sie nicht kennt. Auch in unseren Fallbesprechungsgruppen zeigt sich immer wieder, dass Konflikte oder Ablehnung zwischen Menschen meist dann auftreten, wenn keine oder wenig Informationen über das „ärgerliche" Gegenüber vorhanden sind. Die Ablehnung oder der Konfliktinhalt stehen im Vordergrund. Der Mensch selber als Person bleibt im Dunkeln. Gelingt es, den Menschen in den Vordergrund zu holen, ihn und seine mögliche Geschichte bekannt zu machen, sich für seine Probleme zu erwärmen, dann treten an die Stelle der Ablehnung und des Ärgers Interesse und sogar Neugier, mehr über den anderen und sein Leben zu erfahren. (Eine bewährte Technik ist die nach Michael Balint benannte Gruppentechnik.)

Es ist dann wie bei der Entdeckung eines neuen Landes. Zunächst kennt man nur die Umrisse und das Landesinnere ist auf der Karte weiß gezeichnet. Dann beginnt man von einer Stelle aus, das Land zu erkunden. Langsam wird durch die neuen Expeditionen die Karte mit Informationen gefüllt, bis man schließlich mit so vielen

Einzelheiten vertraut geworden ist, dass sich dieses Land oft zu einem Lieblingsland wandeln kann. Da man aber in der Regel über solche Gruppenmöglichkeiten nur begrenzt verfügt, gilt es, für den Alltag andere Vorgehensweisen parat zu haben.

Eine solche Technik, die wir, wie viele andere unserer Vorgehensweisen, dem Leben abgelauscht haben und die sich vielfach bewährt hat, ist folgende: Wir suchen an dem anderen, der uns unbekannt ist oder der uns gar nicht liegt, etwas, und zwar etwas möglichst Konkretes, was uns vorbehaltlos wirklich gefällt. Und dabei ist es umso ergiebiger, je mehr wir ins Detail gehen, beispielsweise nehmen wir einen Teil des Krawattenmusters oder einen Hemdknopf, die Schuhschnalle oder einen Teil der Fassung eines Schmuckstückes oder oder oder ...

Je mehr Sie dabei ins Detail gehen, je kleiner der Bereich ist, den Sie sich dafür aussuchen, umso besser. Wir nennen dies *Heranlieben*, denn um dieses kleine Teil zu entdecken, mussten Sie sich sehr konkret mit dem anderen befassen. Sie mussten genau hinsehen und haben dann an diesem Menschen eine erste Insel gefunden, die Ihnen gefällt. Ausgehend von dieser angenehmen Entdeckung können Sie Ihr Heranlieben immer leichter mit weiteren „Entdeckungsreisen" vergrößern. Zunehmend wird Ihnen deutlich werden, dass Ihre erste Meinung, die zu Ablehnung geführt hatte, durch etwas begründet war, was gar nicht zu dieser Person gehört (siehe Kapitel *Übertragung*), und sich möglicherweise dahinter ein ganz passabler Zeitgenosse verbirgt.

Ähnlich gute Ergebnisse kann man auch mit Dingen erzielen, die einem nicht liegen. Denn hat man sich erst so weit herangewagt, dass man irgendetwas wirklich Positives, Schönes daran gefunden hat, ist dies schon der erste Schritt zu einer zunehmenden Liebe. Allerdings gilt auch hier wie bei allen Erkenntnissen: Erst die Übung bringt es in den Koffer der Werkzeuge für ein fröhlich-harmonisches Leben. Und dies kann man hervorragend, ja oft sogar erfrischend aufbauend üben: Nehmen Sie z.B. einen wildfremden Menschen auf der Straße und finden Sie ein äußerliches Detail an seiner Kleidung (z.B. Schuhe) heraus, das Ihnen gefällt. Wenn Sie mutig sind, dann sagen Sie es dem anderen auch gleich, mindestens aber sollten Sie es denken oder leise zu sich selbst sagen. In vielen Fällen ist dies ein Einstieg in einen längeren Kontakt, denn dem anderen tut es gut und er fühlt sich freundschaftlich von Ihnen behandelt.

Wenn Sie es allerdings nur als eine Übung zum Erwerb der Fertigkeit „heranlieben" betrachten, dann sollten Sie die oft mögliche Fortsetzung des Kontaktes nicht ausbauen, denn beim Üben geht es Ihnen ja nicht darum, mit anderen Beziehungen oder Kontakte zu nutzen. Denn hat man erst einmal mit dem Heranlieben angefangen – und dafür musste man den anderen ja richtig ansehen –, dann entdeckt man immer mehr, was einem gefällt, und eine gewisse Begehrlichkeit entsteht, wie wir bei Übungen in unseren Kursen und im Alltag immer wieder erleben.

Die anderen, denen wir so eine Mitteilung machen, sind meistens über dieses ungewöhnliche Vorgehen überrascht und versuchen das, was Ihnen gerade gefällt, als nichts Besonderes darzustellen, während innerlich sich Freude über Ihre Zustimmung entwickelt. Manche Menschen reagieren zunächst misstrauisch (besonders wenn Sie Wertgegenstände wie eine Handtasche oder Ähnliches ansprechen), freuen sich aber dann dennoch, nachdem sie bei Ihnen kein „Falsch" entdeckt haben. Und auch wenn Sie beim Üben den Kontakt nicht weiter fortsetzen, auf jeden Fall haben Sie in dem anderen ein angenehmes Gefühl erzeugt und außerdem zu seinem Selbstvertrauen beigetragen. Sie haben dem von Ihnen Angesprochenen nämlich bestätigt, dass es etwas an ihm gibt, das bei anderen gut ankommt (zumindest bei Ihnen). Und wer würde das nicht gern öfter hören? So wird die Frau, deren Schuhe Ihnen gefallen haben, vielleicht zu Hause ihrem Partner erzählen, dass diese, von ihr ausgewählten Schuhe ganz fremden Menschen gut gefallen. Wahrscheinlich wird sie diese in der Zukunft gegenüber ihren anderen Schuhen bevorzugen. In gleicher Weise werden Krawatten, die gut ankommen, bevorzugt getragen.

Da es fast nichts gibt, auch keinen Menschen, an dem selbst bei genauem Hinsehen nichts zu finden ist, was einem gefällt, kann man sich auf diese Weise an praktisch jeden und jedes zumindest so weit heranlieben, dass es erträglich wird.

Übrigens, wenn Sie diese Übung als Einstieg in Gespräche oder beim „small-talk" auf einer Gesellschaft oder Party anwenden, wird sich zumindest dort, wo Sie sich aufhalten, eine fröhliche und vergnügte Stimmung verbreiten. Am besten Sie probieren es einfach aus!

Wichtig ist, und nur dann kann ein solches Vorgehen funktionieren, wenn das, was Sie dem anderen sagen, für Sie in diesem Augenblick unbedingt stimmt, d.h., wenn Sie vom Inhalt Ihrer Worte in diesem Moment wirklich überzeugt sind.

Nach dieser Übung zum Training der Seele durch *Heranlieben* kommen wir zur Seelenernährung. Diese besteht aus „Liebe geben". Doch ist es denn ausreichend oder nützt es überhaupt etwas, wenn man jemandem oder besser noch sich selbst Liebe gibt, beispielsweise mit dem Satz: „Ich mag dich!"? Selbst wenn man sich diesen Satz mehrmals täglich sagen würde (und dabei von der Richtigkeit des Inhaltes überzeugt ist), wäre das denn ausreichend oder nur ein Tropfen auf den heißen Stein? Und deshalb erzählen wir Ihnen im folgenden Kapitel die Geschichte von den Hundewelpen.

16 Die jungen Hunde

Herzlich willkommen zu unserer Geschichte, die von zwei Welpen handelt.

Machen Sie es sich beim Lesen zwischendurch immer wieder recht angenehm, indem Sie sich innerlich aufrichten. Denken Sie Ihren eigenen Vornamen als Anrede und machen Sie sich bewusst, dass Sie jetzt ein angesprochener Mensch sind, der sich anschickt, etwas in sich aufzunehmen. Wecken Sie so Ihr Bewusstsein und machen Sie sich ganz anwesend.

Wir gehen in diesem Kapitel davon aus, dass auch Sie schon Erfahrungen mit Tieren besitzen. Vielleicht können Sie dann einiges selbst bestätigen von der folgenden – wie wir meinen – recht alltäglichen Geschichte.

Zwei miteinander befreundete junge Männer diskutierten einmal über die Liebe. Sie hatten natürlich schon am eigenen Leibe erlebt, dass liebevolle Zuwendung etwas Angenehmes und Schönes ist. Aber sie hatten auch von verschiedenen Seiten gehört, dass Liebe für die Entwicklung jedes Einzelnen größte Bedeutung besitzt. Sogar die so oft bestaunten Dressurleistungen von Tieren sollten das Ergebnis liebevoller Zuwendung sein. Andererseits sollte sich ein herzloser und gewalttätiger Umgang auf die körperliche Entwicklung und die Gesundheit der Betroffenen nachteilig auswirken.

Die beiden jungen Männer wollten das nun ganz genau wissen. Deshalb beschlossen sie, einen Versuch durchzuführen. Sie gingen in ein Tierheim, und beide kauften sich dort jeder einen Welpen. Sie achteten darauf, dass die Tiere aus demselben Wurf stammten, nicht älter als drei Monate und einander möglichst ähnlich waren.

Nun kam alles darauf an, dass beide die getroffenen Pflegevereinbarungen sorgfältig einhielten. Das taten sie, pünktlich und genau. Der eine sollte seinem kleinen Hund Liebe entgegenbringen, zu ihm sprechen, ihn streicheln, mit ihm spielen, ihm selbst das Futter reichen, ihn regelmäßig nach draußen führen usw. Der andere sollte genau das Gegenteil tun, den Hund immer von sich wegstoßen, ihn weder streicheln noch anfassen, das Futter irgendwo hinstellen, ihn beschimpfen, sonst aber nicht zu ihm sprechen. Sie hatten vereinbart, sich nach 10 Tagen wiederzutreffen und die beiden jungen Hunde mitzubringen. Dabei wollten sie dann überprüfen, ob einerseits die liebevolle Zuwendung, andererseits deren Mangel schon in so kurzer Zeit eine unterschiedliche Entwicklung bewirkt hatte. Wie war wohl das Ergebnis?

Tatsächlich hatten sich die beiden jungen Hunde unterschiedlich entwickelt. Nicht nur, dass der in einer Atmosphäre liebevoller Zuwendung gehaltene Hund bereits äußerlich einen gepflegteren Eindruck machte: Sein Fell war glatt und glänzend. Er wirkte fröhlich, lebenslustig und kam, wenn er gerufen wurde, zutraulich angelaufen. Der andere Hund dagegen sah nicht nur ungepflegter aus, sein Fell war stumpf und struppig. Er wirkte schlecht ernährt, obwohl er die gleiche Futtermenge bekommen hatte. Vor allem verhielt er sich ganz anders. Er war misstrauisch, ängstlich und kam nur zögernd, wenn man ihn rief. Er war scheu. Wollte man ihn greifen, dann knurrte er. Ja, es hätte sein können, dass er nach der Hand geschnappt hätte.

Glücklicherweise ist eine derart kurze Episode von Frustration, Lieblosigkeit und Ablehnung im Leben eines Hundes ohne nachhaltige Folgen. Als man das frustrierte Tier nun einige Tage ebenfalls liebevoll behandelte, blühte es rasch auf. Dieses Ergebnis übertraf an Deutlichkeit die Vermutungen der beiden jungen Leute. Hatte sich doch gezeigt, dass die Menge der zugewandten Liebe entscheidenden Einfluss auf den seelisch-körperlichen Zustand eines Tieres hat. Jetzt wurde ihnen auch klar, was es mit dem „Grünen Daumen" in Bezug auf Pflanzen auf sich hatte. Nämlich dass man auch am Blühen der Vorgärten und der Blumen vor den Fenstern oft erkennen kann, mit wie viel bzw. wie wenig liebevoller Zuwendung gepflegt wird.

Im Zusammenhang mit der Seelenernährung und damit auch für die Behandlung von Neurosen und von psychosomatischen Krankheiten besitzen diese Beobachtungen große Bedeutung. Denn bei Menschen mit Neurosen und psychosomatischen Symptomen ist besonders auffällig, dass sie von der Macht der Liebe bei ihrem Umgang mit sich selbst keinen oder keinen ausreichenden Gebrauch machen. Ihr Umgangston mit sich selbst ist viel zu selten freundschaftlich, sondern stattdessen oft geprägt von Leistungsansprüchen, von Ungeduld, Unnachsichtigkeit, ja von Verachtung, Vorwürfen und Entmutigung, von Ärger, Schuldgefühlen und Ängsten. Wir fassen diese schlimme Art und Weise des Umgangs mit sich selbst als „autodestruktiv" zusammen und empfehlen jedem unserer Klienten und Patienten, bei sich selbst darauf zu achten und sich selbst gegenüber warmherziger zu werden, also die Erfahrungen auszunutzen, die aus der Geschichte von den jungen Hunden abzuleiten sind.

Im Einzelnen heißt das: Sich immer mehr an sich selbst heranzulieben, diese Liebe nicht an Bedingungen zu knüpfen, sich mit Zuspruch beizustehen, sich selbst gegenüber geduldiger zu werden, in sich Hoffnungen zu wecken, sich zu ermutigen und sich sowohl um Verzeihung zu bitten als auch sich selbst immer wieder Verzeihung zu gewähren.

Warum? fragen Sie. Unsere Antwort lautet: Um der Liebe willen, was soviel heißt wie um Gottes willen. Wir halten, wie am Hundebeispiel deutlich geworden ist, die Liebe für die alles bewegende Macht. Und Liebe zeigt auch hier ihre Wirkung viel rascher, als manch einer das für möglich hält. Und wenn Sie in Zukunft mit sich selbst vermehrt freundschaftliche Gespräche führen, sagen Sie sich bitte gelegentlich auch einen Gruß von uns!

Immer wieder wird darüber gesprochen, ob es in erster Linie darauf ankommt, sich Ziele zu setzen, oder ob nicht eher der Weg das Ziel ist. Wir gehen davon aus, dass beides seinen Platz hat, wie wir im folgenden Kapitel ausführen.

17 Die Zielorientierung oder der Weg zu Erfolg

Dass es wichtig ist ein Ziel zu haben, klingt logisch und überzeugend. Und es ist sicher auch richtig. Weniger überzeugend ist jedoch, was von einigen Erfolgstrainern behauptet wird, dass es nur darauf ankommt, dass Sie richtig wollen, damit Sie sicher Ihr anvisiertes Ziel erreichen. Ein Mensch ohne Ziel ist wie ein Wanderer in der Wüste, der die Orientierung verloren hat. Er geht immer im Kreis, ohne es zu merken und wundert sich nur, dass er immer wieder an die gleichen Stellen kommt.

Oder betrachten Sie das folgende, hier wiedergegebene fiktive Gespräch: Auf der Straße in München begegnete mir eine ehemalige Patientin. Sie kam auf mich zu und begrüßte mich. Dann fragte Sie mich, und als Arzt ist man gewohnt, dass man oft außerhalb der Sprechstunden etwas Ärztliches gefragt wird: „Gut, dass ich Sie gerade jetzt treffe. Denn da kann ich Sie gleich etwas fragen. Sagen Sie, gehe ich hier richtig?" Ich antwortete ihr, sie beim Worte nehmend: „Es sieht so aus, als ob Sie richtig gehen, so wie Sie sich bewegen!" „Das will ich doch gar nicht wissen, sondern ob ich *hier* richtig gehe!" „Wenn ich Sie richtig verstehe, wollen Sie von mir wissen, ob Sie in die richtige Richtung gehen, auf dem richtigen Weg sind?" „Ja." „Nun, dafür müssten Sie mir aber zuvor sagen, wo Sie denn eigentlich hinwollen." Ihr bis dahin mir freundlich zugewandter Blick wurde plötzlich abweisend und in ärgerlichem Ton sagte Sie zu mir: „Das müssen Sie doch wissen! Sie sind doch der Arzt!" Soweit das fiktive Gespräch. Kennen Sie so etwas?

Die Aussage beispielsweise, unsere Jugend habe keine Zukunft, zieht folgerichtig eine „Null-bock"-Mentalität bei diesen nach sich. Wozu denn auch „bock", wenn es keinen Sinn, kein erstrebenswertes, realistisches Ziel gibt! Zur seelischen Gesundheit gehört es, ein sinnvolles Leben zu führen, was soviel heißt wie, seine Aktivitäten in Richtung auf das Ziel Lebenserfolg auszurichten. Dafür muss man für sein Leben einen Sinn annehmen, von dem man für sich überzeugt ist, dass er richtig ist.

Von Zeit zu Zeit sollte man sich die Zeit nehmen, sich zurücklehnen und in Ruhe die Frage erneut stellen bzw. überprüfen: „Wozu lebe ich eigentlich wirklich?", da sich ja neue Situationen ergeben können und die Antwort den gegebenenfalls veränderten Situationen oder Erfahrungen angepasst werden muss.

In seinem Leben und seinen Handlungen Sinn anzunehmen, selbst dann, wenn man ihn nicht erkennt, ist eine wichtige Aufgabe. Hilfreich dabei kann Religion, auch im Sinne von Rückbeziehung und Vertrauen bietender religiöser Glaube sein. Fazit: Es kommt darauf an, sich Langzeitziele zu setzen, um für das Leben und die auf einen zukommenden Aufgaben motiviert zu sein. Zur Beantwortung und Überprüfung dieser grundlegenden Ziele haben sich entsprechende Meditationen, aber auch Heilfasten und ähnliche Übungen bewährt.

Betrachten wir nun die Aussage, dass es für den Erfolg nur darauf ankommt zu wollen. Haben Sie schon einmal bei einem sportlichen Wettkampf gewinnen wollen oder von jemandem gehört, der dies unbedingt wollte? Oder wollten Sie einmal einen großen Berg besteigen oder eine umfangreiche Arbeit bewältigen? Wie haben Sie dies gemacht?

Ein erfahrener Sporttrainer hat mir einmal gesagt, dass man bereits vor einem Wettkampf erfolgreich darauf wetten kann, wer nicht siegen wird. Es sind stets diejenigen, die ihr Ziel zu direkt vor Augen haben, die während des Wettkampfes ständig an den zu erreichenden Sieg denken und darüber das Hier und Jetzt der anstehenden Handlung übersehen! Sie sind in Wirklichkeit übermotiviert, sie versuchen es krampfhaft und können deshalb nicht mehr mit der notwendigen Lockerheit an die Sache herangehen. „Aber sie müssen doch siegen wollen?" werden Sie vielleicht fragen. Was ist es denn dann, was die Sieger ausmacht?

Bei genauer Betrachtung zeigt sich, dass die tatsächlichen Sieger:
a) sich zunächst ein Langzeitziel gesetzt haben, das zu erreichen sie sich als realistisch vorstellen können, z.B. einen Turniersieg;
b) die dafür erforderlichen Vorbereitungen überlegt und sorgfältig ausgeführt haben, wozu Planung, Training, Ernährung usw. gehören;
c) mit Beginn des Wettkampfes ihr Langzeitziel aus ihrem Bewusstsein verdrängt haben und nur noch ein Kurzzeitziel, nämlich den jeweils nächsten Schritt als die einzig bedeutende Aufgabe vor Augen haben und last not least
d) die notwendige innere Energie aktiviert zur Verfügung haben.

Doch welches ist diese Energie? Vielfach wird die Überzeugung geäußert, dass der Wille die Energie sei. „Du musst nur richtig wollen!" Doch leider klappt es trotzdem oft nicht oder nur sehr kurzfristig, wie man beim Abgewöhnen vom Rauchen oder auch beim Abnehmen sehen kann. Der Wille ist erforderlich für die Zielorientierung, bei der Umsetzung im Detail bzw. auf dem Weg dorthin führt er jedoch eher zu Verkrampfung.

Die stärkste Energie, die uns allen zur Verfügung steht, ist die Liebe. Ich gehe davon aus, dass jeder, der einmal richtig verliebt war, diese Aussage bestätigen kann. Der Sportler, will er siegen, muss also die Aufgabe, die Sportart und die aktuellen Umstände möglichst intensiv lieben, wenn er eine Chance zum Sieg haben will. Und er muss sich jedem einzelnen Schritt möglichst mit voller Achtsamkeit widmen, nur jeweils diesen Schritt vor Augen haben. Er muss in der Realität sein, könnte man auch sagen, und dies in dem vorher von ihm selbst abgesteckten Rahmen, nämlich dem realitätsgerechten Langzeitziel. Und – kann man psychopädisch noch ergänzen – er sollte auch sich und nicht nur das Ergebnis mögen. Denn wenn man etwas sich oder jemandem, den man mag, zuliebe tut, dann „verleiht das Flügel", wie der Volksmund sagt, dann ist das positiv besetzt, was verstärkend wirkt.

Viele unserer Ratsuchenden haben auch deshalb Probleme, weil sie sich im Alltag zu große Ziele vornehmen und die kleinen, einzelnen Schritte auf dem Weg dahin nicht würdigen.

Eine Übung zum Schutz der Seele ist daher, seine Ziele in möglichst kleine Schritte aufzuteilen, jeden dieser Schritte mit ganzer Aufmerksamkeit zu gehen und sich darüber hinaus durch die kleinen Erfolge zu motivieren und zu kräftigen. Die großen Ziele werden unmerklich dann fast wie von selbst erreicht.

Ein Hindernis auf diesem Weg zum Ziel ist, wie schon im Kapitel von *„Ich muss – ich möchte"* angesprochen, der Trotz oder der Drang, seine Freiheit auch an unsinnigen Stellen beweisen zu müssen. Mehr darüber im nächsten Kapitel.

18 Trotz oder der Wunsch nach Freiheit

Hat ein Mensch erkannt, dass einigen seiner eigenen Handlungen ein Trotzverhalten zugrunde liegt oder leidet er unter eigenen Trotzhandlungen, ist es hilfreich, mit ihm gemeinsam unser dafür entwickeltes Trotzschema zu erarbeiten.

Dazu legt derjenige einen DIN-A4-Bogen im Querformat vor sich auf den Tisch und teilt ihn in der Mitte mit einem horizontalen und mit einem vertikalen Strich, so dass vier gleiche Felder entstehen. Sodann halbiert er die untere und die obere sowie die rechte und die linke Hälfte des Blattes, das damit in 16 gleiche Felder eingeteilt ist. In das Feld an der linken oberen Ecke trägt der Betreute seinen Namen, das Datum und als Überschrift das Wort „Trotzschema" ein. In das erste Feld darunter schreibt er „Der Freie", in das Feld darunter „Der Abhängige" und in das Feld an der linken unteren Ecke das Wort „Der Trotzige".

Danach werden die Felder der obersten Reihe ausgefüllt. Hier wird das Verhalten auf unterschiedliche Funktionen hin untersucht: Er schreibt also in das zweite Feld von links oben die Worte „Veranlassung, Impuls, Initiative". Rechts daneben schreibt er „Vernunft, Einsicht" und ganz rechts beschriftet er das Feld mit dem Begriff „Verantwortung" und mit dem Satz: „Wer soll das bezahlen?" Damit ist das Schema eingerichtet und kann nun ausgefüllt werden.

Jetzt kommt es darauf an, sich mit dem Betreuten auf Beispiele zu einigen, wen man als Freien und wen man als Abhängigen gelten lassen will. Gesetzt den Fall, der alleinige Eigner eines Gemüseladens, der morgens auf dem Großmarkt einkauft, wird als ein Freier akzeptiert, dann wird die zweite Reihe des Schemas vom Betreuten ausgefüllt. Er überlegt und kommt selbst zu dem Ergebnis, dass jener Geschäftsmann auf eigene Veranlassung hin, also aufgrund seines eigenen Impulses, seiner eigenen Initiative einkauft. Also wird eingetragen „eigene". Er handelt dabei nach seiner eigenen Vernunft und Einsicht. Also wird in das nächste Kästchen wieder das Wort „eigene" eingetragen. Schließlich muss auch er selbst für das Eingekaufte bezahlen. Das ergibt für das rechte Kästchen das Wort „eigene". Nun kann die Zeile des „Freien" zusammenhängend gelesen werden: Der Kaufmann geht aufgrund seiner eigenen Initiative auf den Großmarkt einkaufen. Bei der Auswahl der Waren lässt er sich von seiner eigenen Einsicht leiten. Er selbst ist es auch, der für seinen Einkauf die Rechnung zu bezahlen hat.

Für die nächste Reihe, die dem Abhängigen gilt, wird beispielsweise der Bote eines Kaufmannes ausgewählt, der von ihm zum Markt geschickt wird, um dort einzukaufen. Daraus ergibt sich, dass jener Bote nicht auf seine eigene, sondern auf fremde Veranlassung zum Markt geht. Also wird das Wort „fremde" eingetragen. Er wählt die Waren, die er einkauft, nicht nach eigener Einsicht aus, sondern nach der seines Chefs, der festgelegt hat, was eingekauft werden soll. Auch in das nächste Kästchen wird deshalb „fremde" geschrieben. Und wenn es dann an das Bezahlen geht, muss er nicht selbst mit eigenem Geld, sondern mit dem seines Auftraggebers bezahlen. Also wird in das rechte Kästchen ebenfalls „fremde" eingetragen. Auch diese Zeile wird nun zusammenhängend gelesen: Im fremden Auftrag aufgrund der Vernunft des Auftraggebers und auf dessen Rechnung hat der Abhängige eingekauft.

Nun muss man sich zunächst überlegen und klarmachen, dass jemand, der trotzt, nicht abhängig, sondern frei sein möchte. Als Beispiel für eine Trotzhandlung beschreiben wir dem Betreuten eine Situation, wie jemand von einem Spaziergang pünktlich nach Hause kommt mit dem Vorsatz, eine von ihm ausgewählte Fernsehsendung zu sehen. Das hat er sich fest vorgenommen. Da begegnet ihm in der Eingangstür seine Frau mit dem Mülleimer in der Hand und begrüßt ihn mit den Worten: „Gut, dass du kommst! Bitte bringe den Mülleimer hinunter und nimm ein paar Kartoffeln mit rauf. Die brauche ich für das Abendbrot." Gerade das aber will der Mann nicht. Er will seine Sendung sehen, die genau jetzt beginnt. In ihm kämpfen zwiespältige Impulse. Schließlich macht er kehrt, geht ins Wirtshaus und betrinkt sich.

Das nennen wir eine Trotzhandlung. Wir meinen damit, dass jemand, der eine bestimmte Handlung im Sinn hat und von einem anderen zu einer damit konkurrierenden Handlung aufgefordert wird, daraufhin weder das eine noch das andere tut, sondern etwas unvorhergesehenes Drittes, sei es der Gang ins Wirtshaus, das Zerschmettern von Porzellan, Alkoholkonsum oder was auch immer. Stimmt der Betroffene diesem Beispiel als zutreffend zu, kann jetzt die letzte Zeile ausgefüllt werden. Denn es liegt nun offen zutage, dass die Trotzhandlung stets durch eine andere Person ausgelöst wird. In das 1. Kästchen kommt „fremd". Und die Trotzhandlung ist weder an der eigenen noch an fremder Vernunft orientiert. Also wird in das 2. Kästchen das Wort „ohne" eingetragen. Wer aber hat die Rechnung zu bezahlen? In das letzte Kästchen kommt nun das ersehnte Wort „selbst".

Im Zusammenhang gelesen steht jetzt in der letzten Zeile: Der Trotzige, der sich aus Abhängigkeit befreien und ein „freier Mensch" sein möchte, unternimmt seine Trotzhandlung auf einen fremden Anstoß hin. Er handelt dann, ohne sich an der eigenen, geschweige denn an der fremden Vernunft zu orientieren, und erreicht eine Ähnlichkeit mit dem Freien lediglich dadurch, dass er allein die Zeche zu bezahlen hat, die ihn meistens teuer zu stehen kommt, weil sie kopflos, d.h. ohne Vernunft zustande gekommen ist.

Erfreulicherweise zeigt ihm das Schema zugleich den Ausweg, wenn man es wie ein Haus betrachtet: Um aus dem Kellergeschoss „Trotz" in den 1. Stock „Freiheit" zu gelangen, muss er durch das Erdgeschoss „Abhängigkeit" hindurch. Erst in der Abhängigkeit werden die Schritte erlernt, die für eine spätere Kompromissbildung und Vereinbarung von erforderlichen zeitlichen Verschiebungen notwendig sind. Das heißt, unser Trotziger muss zunächst den Mülleimer-Kartoffel-Auftrag ausführen, um an dieser Stelle sein Selbstbewusstsein dahingehend zu stärken, dass er schließlich nach entsprechender Übung in der Lage ist, seiner Frau zu antworten: „Gern, mein Schatz! Nur möchte ich erst noch das Soundso-Programm im Fernsehen anschauen. Dann wird alles zu deiner Zufriedenheit erledigt! Wenn dir das zu spät ist, bitte ich dich, diesmal diese Sachen selbst zu erledigen. Ich tue dir nachher dafür gern einen anderen Gefallen!"

Trotz lässt sich nun leicht als eine Sackgasse durchschauen, die den bisher schon Abhängigen immer noch abhängiger werden lässt. Trotz ist deshalb zu den autodestruktiven Verhaltensweisen zu rechnen.

Das auf dem Weg zu einem freien Menschen freiwillige Durchschreiten einer Phase der Abhängigkeit wird oft als bitter empfunden. Dieser Weg hat sich jedoch als gängig erwiesen und führt, erleichtert durch psychopädische Hilfe, in die ersehnte Freiheit. Auch in der kindlichen Trotzphase gelingt es gesunderweise dem Kind, mit Hilfe seiner Eltern den autodestruktiven Hintergrund seines Trotzverhaltens zu durchschauen und zu überwinden. Misslingt dies jedoch, treffen wir bei einem solchen Menschen in späteren Jahren verstärkt auf Verhaltensweisen, die Trotz zur Grundlage haben.

Trotzschema Für... am...	Veranlassung Impuls	Vernunft Überlegung, Sinn	Verantwortung Wer bezahlt?	Haus Etage
Der/die Freie z.B. Ladenbesitzer	selbst/eigen	selbst/eigen	selbst	1. Stock
Der/die Abhängige z.B. Angestellter	fremd/andere	fremd/andere	fremd/andere	Erdgeschoss
Der/die Trotzige	fremd/andere	ohne/unüberlegt	selbst	Keller

Trotzschema© von Udo Derbolowsky

19 Die Hirsche

Eine andere Sache ist es, wenn für den Weg zum Ziel die falsche Ausrüstung, die falschen Strategien gewählt werden. Die folgende Fabel von den Hirschen zeigt einige solcher Muster auf und soll Sie anregen, Ihr Verhalten, Ihre Strategien zu überprüfen.

Es war vormittags an einem wunderschönen Frühsommertag. In der Ferne hörte man das Schnattern der Gänse. Auf einer Waldlichtung fraß ein Hirsch mit seiner Gefährtin genüsslich das saftige Gras. Während die beiden ihren Hunger stillten, lief ein junger Hirsch vorbei. Er machte seinen Morgenspaziergang und war allein. Wie er da vorbeikam, sah er die Hirschkuh. Sie gefiel ihm gut, und er dachte bei sich, was ist das doch für ein schöner Tag, wenn man schon am frühen Morgen eine so hübsche Hirschkuh zu Gesicht bekommt.

Auch sie hatte den Hirsch gesehen und dachte sich, wie merkwürdig, dass diese jungen Hirsche am Vormittag so allein durch die Gegend wandern können.

Der Alte hatte den Blicketausch bemerkt. Und der gefiel ihm ganz und gar nicht. Er senkte sein Haupt so, dass das Geweih nach vorne zeigte, nahm einen Anlauf, machte einen Satz und rammte mit voller Wucht den nächsten Baum, brach sich dabei das Genick und war tot, nicht ohne noch vorher die Worte zu sprechen: „Ätsch, das habt ihr nun davon! Jetzt bin ich tot! Warum liebäugelt ihr auch miteinander!"

Dies ist die erste Fassung der Fabel von den Hirschen.

Eine zweite Fassung fängt ganz genauso an: ... und wieder senkte der Alte sein Haupt so, dass das Geweih nach vorn zeigte, nahm einen Anlauf, machte einen Satz und rammte mit voller Wucht die Hirschkuh, dass sie sofort tot umfiel. Dann richtete er sich stolz auf und sprach triumphierend zu dem Rivalen die Worte: „Ätsch, das hast du nun davon, nun ist sie tot. Nun haben wir beide nichts! Warum machst du auch solchen Blödsinn!"

Eine dritte Fassung beschreibt, wie es gesunderweise in der Natur vorkommt: Er verjagt den als Rivalen erlebten jungen Hirsch.

Weshalb haben wir Ihnen diese Fabel erzählt? Wir möchten damit anregen, dass Sie bei sich selbst überprüfen, in welchen Fassungen Sie sich wiedererkennen, oder wie die Fassung aussieht, die für Ihre Verhaltensweisen zutrifft. Es gibt nämlich nicht nur diese hier beschriebenen Möglichkeiten.

Es gibt beispielsweise den alten Hirsch, der plötzlich schneller kaut und im Paradeschritt um die Hirschkuh herumstolziert in der Hoffnung, ihr durch Mehrleistung und durch Außergewöhnlichkeiten zu imponieren.

Es gibt auch denjenigen Hirsch, der zusammenzuckt und so, dass sie es hört, ruft: „Ich glaube, ich werde krank! Ich habe Seitenstiche!" Er hofft damit auf ihr Mitgefühl und auf diesem Weg seine Favoritenrolle zu festigen.

Wahrscheinlich haben auch Sie für verschiedene Lebenssituationen verschiedene Rollen in Gebrauch. Die hinter der Fabel von den Hirschen stehende Frage lautet nämlich: Wie sieht es in unserem eigenen Alltag bei näherem Hinsehen überhaupt aus? Da kommt beispielsweise ein Mann von der Arbeit nach Hause. Er ist müde und hungrig. Seine Frau stellt ihm eine warme Mahlzeit auf den Tisch. Während er es sich schmecken lässt, sitzt seine Frau ihm gegenüber. Sie erzählt ihm, was alles mit den Kindern vorgefallen ist, vom Ärger mit den Nachbarn und von neu eingetroffenen Rechnungen. Dies ärgert ihn zunehmend, wie man seinem sich verfinsternden Gesichtsausdruck entnehmen könnte. Aber statt dass er seine Frau bittet, ihren Bericht bis nach Tisch aufzuschieben, hört er eine ganze Weile still zu. Nur an der Ader neben seiner Stirn könnte man erkennen, dass sich sein Ärger in Wut verwandelt. Schließlich schlägt er mit der Faust auf den Tisch und brüllt: „Nun friss doch deinen Fraß alleine!" Für diesen Ausbruch bestraft er sich gleich, indem er weitere Nahrungsaufnahme verweigert und ins Nebenzimmer stürmt. Welche Fassung der Fabel wäre das?

Es wäre die erste Fassung: Ihm missfällt etwas, und er bestraft sich selbst. Wie oft wenden wir dieses Verhalten in unserem Alltag an? Nun, ich meine, nicht so ganz selten. Aber es kann auch anders sein. Wir lesen hin und wieder in der Zeitung, dass jemand seine Braut aus Eifersucht erschossen hat. Das wäre dann die zweite Fassung von der Fabel. Dabei geht es darum, dass man das kaputt macht, was man selbst begehrt und liebt.

Dies ist der Punkt! Meinen wir mit unseren Reaktionen immer wirklich das, wogegen sich diese eigentlich richten? Nutzen wir unseren lodernden Affekt dazu, um uns das Ärgernis zu verkleinern oder aus dem Wege zu räumen? Oder richten wir in vielen Fällen diese im Grunde so nützlichen Affekte zusätzlich zum Ärger auch noch negativ gegen uns selbst?

Da hat ein Ehepaar beispielsweise Theaterkarten. Beide sind dabei, sich fertig zu machen. In zehn Minuten soll es losgehen. Aber die Frau findet ihren Lippenstift nicht, und der Mann sucht vergeblich nach einer passenden Krawatte. Schließlich hat die Frau den Lippenstift gefunden, ohne aber dem Mann bei der Suche nach der gewünschten Krawatte zu helfen. Darüber wird er so wütend, dass er erklärt, sie könne nun allein ins Theater gehen. Wen schädigt der Mann damit? Sich selbst, seine Frau und seine Ehe. Das aber hat er alles nicht bedacht, denn sonst hätte er sich anders verhalten.

Ein anderes Beispiel ist der Satz: „Ich ärgere mich!" Grammatikalisch handelt es sich um eine Autodestruktion, denn Ich „ärgert" wen? Mich! Tatsächlich wird hier nicht gegen das eigentliche Ärgernis vorgegangen, sondern das Ärgernis ist nur der Anlass dafür, dass der Betreffende die Ärgerenergie gegen sich selbst richtet.

Eine Übung für den Alltag ist es daher, den Satz „Ich ärgere mich" aus seinem Wortschatz zu streichen, da er selbstbeschädigend ist, und dafür den Satz „Dies oder jenes ärgert mich!" zu verwenden.

Um damit Erfolg zu haben und nicht anzuecken, befolgen Sie diesen Rat: Auch wenn Sie den Satz jetzt oft bei andern bemerken werden, bitte weisen Sie diejenigen nicht darauf hin oder korrigieren sie vielleicht, denn das führt, wie wir im Kapitel „Wer kann ändern" gezeigt haben, zu unguten Gefühlen bei dem anderen. Wer lässt sich schon gerne belehren? Wenn Sie es bei anderen bemerken, dann benutzen Sie es lieber als Anregung für sich, um wieder zu überprüfen, inwieweit Sie diesen Satz noch immer „drauf haben".

20 Trösten und Liebe – un-bedingt

Wie kommt man aus dem bisherigen Verhalten der Selbstbeschädigung nun wieder heraus, werden Sie von uns wissen wollen, wenn Sie ein solches Verhalten bei sich oder anderen entdeckt haben.

Die Antwort auf die Frage, wie man am besten aus einem selbstabwertenden oder selbstbeschädigenden Verhalten herauskommt, haben Sie sich selbst vielleicht schon gegeben. Wie gezeigt ist nur Ihre eigene Antwort entscheidend für Sie und nicht, was andere meinen. Denn Sie tragen in sich das Wissen, was für Sie gut ist, auch wenn Sie es vielleicht selbst noch nicht so erkennen (siehe Kapitel *Kaffeehaus*, Abschnitt „Wer kennt Sie am besten?").

Als Sie unser Erlebnis von dem Kind gelesen haben, haben Sie vielleicht spontan gedacht, als das Kind hingefallen war: Ich wäre hinzugeeilt und hätte das Kind aufgehoben und in den Arm genommen. Ich hätte das Kind natürlich getröstet. Dann wäre die in Ihren Augen richtige Reaktion des Vaters gewesen, das Kind als Erstes einmal zu trösten. Genau dies denken wir auch. Also jemanden, der einen Fehler gemacht hat und nun mit einem dadurch entstandenen Schaden belastet ist, kann und soll man trösten. Folglich dürfen und sollen auch Sie sich als Erstes trösten, wenn Sie einen Fehler gemacht haben.

So bedarf beispielsweise ein Kind, das eine schlechte Note in einer Schularbeit bekommen hat, zunächst sicher des Trostes und weniger der sachlichen Erklärungen und Belehrungen oder gar eines Tadels, wie dies jedoch häufig der Fall ist.

Auf die Frage, was wir denn unter *„Trösten"* eigentlich verstehen, haben wir die Erfahrung gemacht, dass es sich lohnt, sich dies wieder einmal ins Bewusstsein zu rufen. Stellen Sie sich vor, Sie wären mit dem Fuß umgeknickt. Es wäre dabei kein wirklicher Schaden entstanden, nur ein starker Schmerz, der nach wenigen Augenblicken auch wieder vergangen wäre. Was würden Sie denken, wenn im Augenblick Ihres größten Schmerzes Ihnen jemand sagt: „Ist doch nicht so schlimm!" oder: „Es ist ja nichts passiert!" oder auch: „Das vergeht gleich wieder!" oder: „So lernt man. Pass nächstes Mal besser auf!"? Wie viel schöner wäre es doch, wenn in diesem Augenblick jemand Sie erst einmal in den Arm nimmt oder Sie freundschaftlich stützt. Bei dem Kind haben wir angenommen, dass es richtigerweise als Erstes in den Arm genommen werden soll. Erst dann geht es um den Schaden, der ja nicht wegzudeuten ist und noch später um das Erkennen von Möglichkeiten, aus dem Fehler für die Zukunft zu lernen. Unter Trösten verstehen wir also so etwas wie in den Arm nehmen. Was bedeutet „in den Arm nehmen"? Wir gehen davon aus, dass mit „in den Arm nehmen" ausgedrückt wird, dass man den Betreffenden mag, oder nehmen Sie jeden in den Arm? Dann bedeutet trösten, jemandem zeigen, dass man ihn mag! Das kann mal mehr oder weniger intensiv sein, auf jeden Fall wird damit eine positive oder besser gesagt liebevolle Zuwendung gegeben.

Nun kann man sich selbst aber nicht immer und bei jeder Gelegenheit umarmen bzw. in den Arm nehmen. Greifen wir deshalb auf das Kapitel *Selbstgespräch* zurück. Sie sprechen ja mit sich. Also können Sie den Trost auch in Worten ausdrücken. Sie können sich selbst im Falle des Kummers bzw. des gemachten Fehlers als Erstes einmal sagen, dass Sie sich mögen. Erst dann bedenken Sie die weiteren Punkte wie Schadensbehebung und Lerneffekte.

Beachten Sie beim Trösten auch noch Folgendes: Fragen Sie eigentlich, wenn Sie jemanden mit einem Kummer vor sich haben, den Betroffenen zuerst, weshalb er diesen Kummer hat oder trösten Sie erst und fragen erst dann vielleicht nach der Ursache? Unserer Erfahrung nach spenden die meisten Menschen spontan erst den Trost, d.h., sie schaffen einen Körperkontakt. Dieser kann in einer nur kleinen Berührung bestehen. Erst dann beginnt das Sprechen miteinander. Und das ist gut so, denn wenn man die Ursache eines Kummers kennt, den Inhalt dessen, was der Betroffene für einen Fehler hält, dann kann man ihn womöglich gar nicht mehr trösten.

Ein Beispiel: Ein Mann hat Kummer, weil ihm aufgrund seines Verhaltens die Freundin abhandengekommen ist. Sie sind jedoch der Meinung, dass er froh sein sollte, dass er diese Freundin, die in Ihren Augen überhaupt nicht zu ihm gepasst hat, endlich losgeworden ist. Er sollte daher feiern und nicht Trübsal blasen. Wenn Sie so denken, dann können Sie ihn wohl kaum noch trösten. Fazit: Trösten ist, jemandem der Kummer hat, zeigen, dass man ihn mag – ohne Rücksicht auf die Umstände. Liebe un-bedingt geben = trösten!

Da die Psychopädie mit dem Umgang mit uns selbst beginnt, gilt dies natürlich auch für unseren Umgang mit uns, wenn wir einen Fehler gemacht haben. Wir üben, uns im Selbstgespräch als Erstes zu trösten, z.B. mit den Worten: „Mein lieber (eigener Vorname), für mich bist und bleibst du immer liebenswert, egal was passiert" und uns erst dann mit dem Schaden und dem Fehler zu befassen.

Liebe enthält ja die stärkste Energie, somit kräftigen wir uns so und lassen damit den Schaden für uns kleiner und leichter behebbar erscheinen. Putzen wir uns hingegen in einer solchen Situation auch noch selber herunter, beispielsweise mit Worten, wie Sie Ihnen allen, natürlich nur von anderen her, geläufig sind, dann nehmen wir uns Energie und schwächen uns, was den Schaden subjektiv vergrößert. Manchmal auch objektiv, wie die folgende Situation zeigt: Ein Mann fährt mit seinem Auto, das gerade frisch lackiert wurde, aus der Werkstatt. Er ist voller Freude und stolz auf seinen blitzenden Wagen. Da hört er ein Knirschen, wie wenn Metall auf Stein scheuert. Er erbleicht, steigt aus und sieht, dass er vor lauter Freude unachtsam gewesen ist und seinen gerade neu lackierten Kotflügel an einem Pfosten, den er übersehen hatte, wieder verkratzt hat. Er geht um das gesamte Auto herum und tritt voller Wut gegen die bis dahin noch heile Tür! Dabei hat er sich zu allem Überfluss dann auch noch den Fuß verstaucht.

Die Übung zum Schutz Ihrer Seele heißt folglich, jeden Tag mehrmals üben, sich zu trösten. Gelegenheiten dazu gibt es genug, denn wir alle machen genügend Fehler. Dass ein solches Vorgehen äußerst wirksam ist, haben wir in dem Kapitel *Die jungen Hunde* gezeigt.

21 Das Recht auf Liebe von anderen

Manche Menschen sind der Meinung, dass sie es verdient haben, von anderen geliebt zu werden. Das mag ja sein. Dennoch stellt sich die Frage, ob es sich lohnt, darauf zu warten, bis die anderen das Erwartete tun. Oder ob es nicht besser ist, sich selbst um Lösungen zu bemühen.

Beginnen wir am Anfang: Liebe ist die Lebensenergie. Ohne Liebe kein Leben. Alles was wir nicht lieben, verschwindet aus unserem Leben mehr oder weniger schnell. Folglich sind wir alle zum Überleben ebenso auf Liebe angewiesen, wie auf Luft zum Atmen, auf Ernährung und auf die Befriedigung vieler anderer Grundbedürfnisse mehr. Doch lässt sich daraus schließen, dass wir ein Recht auf Liebe von anderen haben? Ja und nein, lautet unsere Antwort.

Ja, solange wir nicht in der Lage sind, unsere Liebesbedürfnisse selbst zu stillen. Bezogen auf die Notwendigkeit der Ernährung sind wir beispielsweise als einjähriges Kleinkind darauf angewiesen, von anderen ausreichend Essen usw. zu bekommen, sonst müssten wir sterben. Mit zunehmendem Alter lernen wir dann, uns unsere Bedürfnisse selbst zu stillen, wenn sie uns bedrängen. Als erwachsen gewordene Menschen werden wir uns selbst darum kümmern, dass wir etwas zu essen bekommen, wenn wir Hunger haben. Wir werden selbst eine Toilette aufsuchen, wenn wir Harndrang spüren und nicht mehr dieses Bedürfnis nur äußern und dann darauf warten, dass uns jemand auf die Toilette bringt, so wie das in früher Kindheit noch notwendig war.

Ähnlich verhält es sich mit dem Bedürfnis nach Liebe. Je erwachsener man wird, desto mehr bleibt einem nicht erspart zu lernen, sich auch seine Liebesbedürfnisse selbst zu stillen.

Ich komme zurück auf die Frage, ob der erwachsene Mensch ein Recht darauf hat, von anderen Menschen Liebe zu bekommen. Wenn dies so wäre, dann müsste es einklagbar sein. Man müsste also ggf. zu Gericht gehen können und z.B. denjenigen, der einen nicht genug liebt, darauf verklagen, dass er einem Liebe gibt. Die Antwort erübrigt sich. Hätte man ein solches Recht, dann müsste man dies können. Ähnlich wirkt es, wenn man einen anderen erst fragen muss, ob er einen liebt. Dann ist auch eine bejahende Antwort kaum wirklich befriedigend. Liebe ist eben etwas, dass ein Erwachsener nicht fordern darf, denn dann wirkt sie nicht. Nur freiwillig entgegengebracht oder spontan geschenkt kann sie ihre begehrte Wirkung entfalten. Und außerdem ist es auch so, wie wir im Kapitel *Kaffeehaus* zeigen, dass man, wenn man sich selbst zu wenig mag, die von außen kommende Liebe gar nicht als solche erkennen oder annehmen kann.

Die Übung für jeden Tag ist folglich, sich die für einen selbst erforderliche Liebe freudig selbst zu geben. Machen Sie sich bewusst und sagen Sie sich die Wahrheit, mehrmals täglich für Sie hörbar: dass Sie, vor allem für sich selbst, immer liebenswert sind und bleiben.

22 Müllers und Schulzes oder das Denken vom anderen her

Was passiert, wenn man versucht, Zuwendung und Freundschaft von anderen zu bekommen, indem man sein Handeln über das Denken vom anderen her motiviert, zeigt die Geschichte von Müllers und Schulzes:

Müllers waren umgezogen. Und so ein Umzug braucht Zeit. Es dauert lange, bis alles seinen neuen Ort gefunden hat, bis alle Kartons ausgepackt sind, bis alles, was an laufenden Arbeiten liegen geblieben war, nachgeholt worden ist.

Es war Sonntagnachmittag. Frau Müller hatte sich etliche Wäsche- und Kleidungsstücke zurechtgelegt, um Knöpfe anzunähen und anderes auszubessern. Ihr Mann hatte einige Papiere und Akten vor sich ausgebreitet, um wieder aufs Laufende zu kommen. Etwa drei Stunden wollte man damit zubringen. Bis zum Abendbrot. „Dann wäre wieder Grund drin", meinte Herr Müller zu seiner Frau. „Dann habe ich auch wieder Luft!", stimmte sie ihm zu.

Da klingelte es. Vor der Tür standen Schulzes, eine befreundete Familie. Vier Personen. Frau und Herr Schulze mit ihren beiden Kindern. Ralf ist vierzehn, Ilse zwölf. „Wir wollen nicht stören! Nur mal vorbeischauen! Als wir diese Straße kreuzten, fiel uns eure neue Anschrift ein. Da dachten wir, wir sagen euch schnell mal guten Tag! Unser Wagen steht im Halteverbot. Nett wohnt Ihr hier!" Und Schulzes wandten sich wieder zum Gehen. „Na aber", ereiferte sich Herr Müller „Ihr werdet doch nicht gleich wieder gehen! Kommt rein, alle Mann! Meine Frau macht gleich einen Kaffee!"

Frau Müller war indessen schon dabei, alles, was ihr Mann und sie sich zurechtgelegt hatten, vom Tisch zu fegen und in aller Eile irgendwo zu verstauen. Dann verschwand sie in der Küche, und ihr Mann fing an, den Tisch zu decken. „Nein", rief er dabei aus, „das werdet Ihr uns doch nicht antun, bloß einfach hereinzuschauen! Jetzt legt ab, setzt euch und trinkt mit uns Kaffee!" Während er das sagte, war er von seiner Aufrichtigkeit überzeugt. Aber er täuschte sich. Denn in seinem Innern hämmerte ein bohrender Gedanke, der sagte: „Ausgerechnet jetzt müssen uns die Schulzes überfallen. Sie hätten uns nicht ärgerlicher stören können als jetzt mit diesem überraschenden Auftauchen."

Herr Müller hatte sich selbst getäuscht. Deutlicher gesagt: Er belog sich selbst, denn als er kurz in der Küche auftauchte, gab er seiner Frau zu verstehen, dass er Schulzes Besuch gar nicht gerne sah. Er erwiderte den fragenden Blick seiner Frau, indem er seine Stirn in Falten zog, seine weit geöffneten Augen rollte und dazu eine abwinkende Geste mit der Hand machte. Das war so eindeutig, dass seine Frau erschrocken flüsterte: „Nimm dich bloß zusammen!" Die Schulzes sollten doch nicht merken, was sie wirklich dachten.

Schließlich trank man zusammen Kaffee. Aber die Unterhaltung kam nicht recht in Gang. Müllers dachten an die liegen gebliebene Arbeit, und Schulzes saßen wie auf Kohlen wegen des Halteverbots. Tatsächlich fanden sie nach dem Aufbruch einen Strafzettel am Scheibenwischer. „Wir hätten uns nicht breitschlagen lassen und nicht in die Wohnung gehen sollen", sagte Herr Schulze. „Aber das hätte die Müllers doch gekränkt!", wandte Frau Schulze ein, womit sie sich ebenfalls gründlich täuschte.

Was war geschehen? Beide Familien wollten sich gegenseitig eine Freude machen, aber beide ließen ihre eigenen Bedürfnisse außer Acht. Zumindest nahmen sie diese nicht ernst genug.

Sie motivierten ihre Handlungsweise jeweils vom anderen her. Jeder wollte die Gegenseite nicht kränken. Und was war der Erfolg? Als Schulzes sich schließlich durchgesetzt hatten und gegangen waren, atmeten Müllers erleichtert auf. Aber es gab noch weitere Minuspunkte. Denn nun musste abgeräumt, aufgeräumt und alles für die ursprünglichen Erledigungen wieder hergerichtet werden. Dabei fehlte es nicht an abschätzigen Bemerkungen: „Sie hätten den Besuch doch vorher ankündigen können!", „Sie sind immer so aufdringlich!", „Hast du auf ihr Kleid geachtet? Das steht ihr doch überhaupt nicht!" usw.

Auch Schulzes hatten weitere Minuspunkte wegzustecken, nicht nur den Strafzettel. „Du hättest hier den Wagen eben nicht hinstellen sollen! Du weißt doch, wie Müllers in ihrer Freundlichkeit zudringlich sind!", „Ich möchte in dem Haus nicht wohnen!", „Eigentlich wollten wir etwas anderes mit dem Tag anfangen, das können wir nun abschreiben!" usw.

Was ist die Moral von dieser Geschichte? Es ist einfacher und befriedigender, nicht vom anderen her zu leben, sich nicht herumkriegen zu lassen, sondern aufrichtig zu sagen, was man meint und dazu zu stehen, gegebenenfalls auch Kompromisse auszuhandeln, in denen man sich und seinen Standpunkt mit Nachdruck vertritt.

„Selbstbehauptung und Hingabe sind notwendige Pole menschlichen Verhaltens in der Begegnung, die sich gegenseitig bedingen, keineswegs ausschließen. Nur wer sich selbst behaupten kann, seine Gefühle und Emotionen wahrnehmen und ausdrücken kann, auch wenn sie aggressiv sind oder zumindest auf andere aggressiv wirken, kann sich auch hingeben, sich geben, sich ergreifen lassen, mit einem anderen Menschen wirklich in Kontakt kommen, ihm wirklich begegnen." – Verena Kast

23 Übertragung und Gegenübertragung

Es ist Sigmund Freud zu verdanken, dass wir heute grundlegende Einblicke in die Phänomene Übertragung und Gegenübertragung bekommen haben. Dennoch sind diese Begriffe bis heute schillernd geblieben. Für das Verständnis von unbewusster Motivation und auch von mancher Entscheidung, die „aus dem Bauch heraus" getroffen wird, ist es lohnend, sich für die Pflege der seelischen Gesundheit einmal mit diesen Phänomenen zu befassen.

Auch wenn diese Begriffe aus dem psychoanalytischen Wortschatz stammen, so sind die geschilderten Zusammenhänge dennoch nicht nur für Fachleute, sondern für jeden hilfreich, der sich selbst besser verstehen lernen will.

1936 schrieb die Tochter Freuds, Anna: „Übertragung nennen wir alle jene Regungen des Patienten dem Analytiker gegenüber, die nicht in der analytischen Situation neu entstehen, sondern aus früheren und frühesten Objektbeziehungen stammen." Waren jene Regungen dem Analytiker zugetan, hatte Vater Freud von positiver bzw. von unanstößiger Übertragung gesprochen. Waren jene Regungen dagegen distanzierend, nannte er sie negativ. Wenn sie zudringlich waren, bezeichnete er sie als anstößig. In jedem Fall sollte davon ausgegangen werden, dass die Übertragung des Patienten einen Rest von Kindlichkeit unangemessen zum Ausdruck bringt. Eine andere Formulierung für Übertragung ist, das sie ein Missverstehen der Gegenwart bezogen auf die Vergangenheit ist. Sie bezeichnet das Erleben von Gefühlen, Trieben, Einstellungen, Phantasien und Abwehr gegenüber einer Person in der Gegenwart, die zu dieser Person nicht passen, sondern die die Wiederholung von Reaktionen sind, welche ihren Ursprung in der Beziehung zu wichtigen Figuren der frühen Kindheit haben und unbewusst auf Figuren der Gegenwart verschoben werden und sich durch Unangemessenheit und Wiederholungen auszeichnen.

Gegenübertragung war ein für den Analytiker bzw. für den Betreuer vorbehaltener Begriff. Damit wurden die Regungen zusammengefasst, die durch die Übertragung des Patienten im Betreuer hervorgerufen wurden.

Nun scheint die Tatsache, dass der Mensch lernfähig ist und lernt und dass er Erlerntes behalten, erinnern und berücksichtigen kann, mit dem Übertragungsbegriff zu kollidieren. Unsere Lernfähigkeit ist Voraussetzung dafür, dass wir ein

Gedächtnis haben, dass wir laufen, sprechen und miteinander umgehen können. Wir übertragen folglich regelmäßig die Erfahrungen, die wir gemacht haben, in unsere alltäglichen Überlegungen, Planungen und Umgangsweisen und berücksichtigen sie bei unseren Entscheidungen und in unserem Handeln.

Unsere Erfahrungen haben in uns Spuren hinterlassen, die uns vor Schaden bewahren und uns schlagfertig machen können. Sie haben zu Wertungen geführt, haben unser Vertrauen, aber im Grenzfall auch unsere Ängste begründet. Werden unsere Vorerfahrungen samt den darin wirksamen Gefühlen in unsere Gegenwart eingebracht, handelt es sich um völlig normale Vorgänge. Unsere gemeinsame Wirklichkeit wird dadurch nicht verfälscht. Diese Vorgänge sind folglich mit dem Begriff „Übertragung" nicht gemeint.

Die Vorerfahrungen eines jeden Menschen sind höchst verschieden. Wenn man allein die Sprachunterschiede, die Verschiedenheit der Erbanlagen und der Einzelschicksale bedenkt, dann erscheint es fast als ein Wunder, dass wir uns untereinander doch relativ gut verständigen und realistisch miteinander umgehen können. Nun kommt es aber vor, dass Menschen durch das Einbringen ihrer Vorerfahrungen unsere gemeinsame Wirklichkeit entstellen, sie dadurch anders wahrnehmen und anders auf sie reagieren, als wir das im Hinblick auf unsere gemeinsame Wirklichkeit für angemessen halten. Ihr Weltbild ist verformt. Folglich verschätzen sie sich rund um die Uhr und überall bei der Beurteilung von Vorgängen und Personen, als ob sie stets eine farbige Brille auf hätten und so unsere gemeinsame Wirklichkeit anders wahrnehmen – harmloser oder bedrohlicher – als sie jeweils jetzt und hier ist.

Die darauf beruhenden Eigentümlichkeiten der Wahrnehmungen und des Verhaltens sind es offenbar, die Sigmund Freud mit dem Begriff „Übertragung" gemeint hat. Die Folgen dieser Eigentümlichkeiten sind beträchtlich; denn die als Wirklichkeiten verkannten Entstellungen lösen ihrerseits im Übertragenden Gefühls- und Verhaltensänderungen aus.

Als Beispiel hierfür berichten wir über ein 5jähriges Mädchen, das aus einer Kiste mit Kasperpuppen ein Handschuh-Krokodil herausholt und einem anwesenden Erwachsenen anzieht. Dieser macht damit ein paar spielerische Bewegungen. Daraufhin flüchtet das Kind mit allen Anzeichen panischer Angst in die äußerste Ecke des Zimmers und wagt erst dann wieder näher zu kommen, nachdem der Erwachsene die Krokodil-Handpuppe wieder von seiner Hand weggetan und in die Kiste geworfen hat.

Das Kind war selbst Urheber der Veränderung seines Weltbildes, indem es dem Erwachsenen jenen Handschuh angezogen hat. Dessen ungeachtet hat es mit Ängsten auf jene „Entstellung" reagiert. Bei genauer Betrachtung lassen sich unterschiedliche Typen dieser Weltbildverformung erkennen:

1. Die einfache zeitliche und/oder örtliche Verschiebung.

Dazu ein Beispiel: Ein Lehrer muss beim Frühstück eine ärgerliche Auseinandersetzung mit seiner Frau vorzeitig abbrechen, um nicht zu spät zum Dienst zu kommen. In seiner Schulklasse angekommen, verärgert ihn ein Schüler, woraufhin der Lehrer ihn mit dem von seinem Frühstücksstreit angestauten Affekt überschüttet. Diese Übertragung ist Ausdruck einer zeitlichen (anachronistischen) und zugleich einer örtlichen (anatopistischen) Verschiebung, wobei der Lehrer dem Schüler Züge seiner Frau verleiht, so dass den Schüler Aggressionen treffen, die nicht ihm, sondern seiner Frau gelten.

Diese Störung ist mit Hilfe der Realitätsprüfung leicht zu beheben. Der Handschuh braucht sozusagen nur wieder abgestreift und in die Kiste zurückgeworfen zu werden, um an das vorige Beispiel anzuknüpfen. Diese Vorgänge sind trefflich illustriert durch eine der bekannten Lügengeschichten des Freiherrn von Münchhausen. Da ertönen von der Garderobe eines Wirtshauses her aus dem dort hängenden Posthorn viele schöne Melodien, die der Postillion während der Fahrt hineingeblasen hatte. Sie waren bei dem strengen Frost sogleich eingefroren. Stunden später sind sie dann in der Wärme des Wirtshauses wieder aufgetaut und zur allseitigen Verwunderung plötzlich erklungen. Wenn es sich hierbei auch nur um eine Karikatur handelt, so macht diese Geschichte eine Seite der Übertragung als eine zeitliche oder örtliche Verschiebung anschaulich.

Ähnlich einfach ist es, wenn einzelne traumatische Ereignisse zu irrtümlichen Wertungen geführt haben, so dass die Übertragungen nicht ohne weiteres gleich als solche durchschaut werden können. Dazu ein Beispiel: Margarete Eberhardt beschreibt den unbeabsichtigten, aber schmerzhaften Zusammenstoß eines achtjährigen Schlittschuhläufers mit einem älteren rothaarigen sommersprossigen Jungen, der davon keine Notiz genommen hatte. Später stellte sich heraus, dass der dabei leicht verletzte Achtjährige fortan eine leise Voreingenommenheit erkennen ließ, mit der irrtümlichen Wertung, rothaarige und mit Sommersprossen behaftete Typen seien aggressiv. Sobald das zugrunde liegende Trauma mit Hilfe von Einfällen ermittelt ist, reicht auch hier die Realitätsprüfung aus, um die in einer irrigen Wertung gegebene Übertragung zu berichten.

2. Die Übertragung frühkindlich gemachter traumatischer Erfahrungen in das Erwachsenenalter.

Hierbei ist dem Umstand Rechnung zu tragen, dass die Verhältnismäßigkeit zwischen der Umwelt und dem leiblichen Menschen sich in der Zeitspanne erheblich verändert, die zwischen der frühen Kindheit und dem Erwachsensein liegt. Ursache dafür ist das Körperwachstum.

Wenn ein kleines Kind vielleicht zwanzig Schritte braucht, um ein bestimmtes Zimmer zu durchqueren, braucht später derselbe Mensch – nun herangewachsen – vielleicht nur noch fünf oder sechs Schritte. Entsprechendes gilt auch von Größe und Gewicht der Gegenstände in ihrem Verhältnis zum Kind und zum Erwachsenen. Jeder, der als Erwachsener irgendwann den Stätten seiner frühen Kindheit einen Besuch abstatten konnte, hat dabei die Erfahrung gemacht, dass jene Welt im Vergleich zu seiner Erinnerung kleiner geworden ist. Aus einer Zwanzig-Schritte-Welt ist sozusagen eine Fünf-Schritte-Welt geworden. Das hat erhebliche Konsequenzen für das Auftreten von Übertragungen.

Dazu ein Beispiel: Ein sechsjähriger Stadtjunge ist in den Sommerferien zu Besuch bei seinen Großeltern, die auf einem Bauernhof leben. Die Dorfkirchenuhr schlägt zweimal. Es ist 18.30 Uhr. Er blickt durch das geöffnete Fenster auf den Glockenturm. Insekten summen. Es ist warmes, klares Wetter. Alle Türen stehen offen. Die Großeltern sind draußen im Gemüsegarten. Da läuft der große Hofhund des Bauern durch das Haus, vielleicht weil er jemanden zum Spielen sucht. Er trifft auf den darüber erschrockenen Jungen und springt ihn freudig an. Der Junge fällt hin und stößt sich den Kopf. Der Hund flieht. Der Junge verkneift sich den Schmerz, und Furcht und Schrecken legen sich wieder. Bis die Großeltern hereinkommen, ist es fast wieder wie vorher, als sei nichts gewesen. Zwischendrin hatte der Junge gehofft, sein Opa würde herbeieilen, ihn auf den Arm nehmen und trösten. Nun aber schien ja alles wieder gut zu sein.

20 Jahre später kommt der inzwischen 26jährige Mann wieder durch diesen Ort. Die Großeltern sind bereits verstorben. Andere Leute wohnen dort. Er klingelt, stellt sich vor und darf hereinkommen. In der Stube steht das Fenster offen. Es ist ein warmer Sommertag. Er sieht den Kirchturm und hört, wie dessen Uhr zweimal schlägt. Es ist gerade 18.30 Uhr.

Da empfindet er plötzlich ein unangenehmes Gefühl. Ihm ist, als ob ein Ungeheuer auf ihn eindringen will, als ob ihm eine unbestimmte Gefahr drohe. Panische Angst überfällt ihn. Er wischt sich den Schweiß von der Stirn, sagt ein paar Dankesworte zum Abschied und eilt davon. Dabei hat er die Phantasie, dass alles sofort wieder gut wäre, wenn ein überirdisches Wesen ihn in den Arm nehmen würde.

Was war geschehen? Als in einer jenem Kindheitserlebnis ähnlichen Situation die Uhr schlug, tauchte nicht das ganze Ereignis, sondern nur die damalige unverarbeitet gebliebene Emotion auf, die aus Furcht und Schrecken bestand. Damals passte jene Emotion in die Zwanzig-Schritte-Welt. Heute hängt sie sozusagen über den Rand der zu einer Fünf-Schritte-Welt geschrumpften Wirklichkeit hinaus. Infolgedessen wurde aus der Übertragung von Furcht und Schrecken in die aktuelle Umwelt etwas anderes, nämlich Angst und Panik.

Tröstliche Worte der Anwesenden hätten jetzt den inneren Notzustand des Mannes überhaupt nicht erreichen können. Es hätte schon jemand da sein müssen, der so viel größer, schwerer und erfahrener wäre als er, so wie es damals sein Opa ihm gegenüber war. Der hätte ihn damals trösten können. Heute, so empfindet er es, müsste es ein Überirdischer sein.

Diese Übertragung wirkt sich unter anderem so aus, dass die aktuellen Beziehungspersonen und das, was sie sagen, an Bedeutung verlieren. Hier ist mit der Realitätsprüfung allein keine ausreichende Hilfe möglich. Für die beschriebene Situation ist ein Verfahren erforderlich, das ich in meinem Buch „Kränkung, Krankheit und Heilung" ausführlich beschrieben habe. Es geht dabei darum, dass der Betroffene nicht nur erlernt, mit sich selbst zu sprechen, sondern dass er sich darin übt, sich selbst in der eigenen Kindheit wieder aufzusuchen und dort mit sich das Gespräch aufzunehmen.

Eine besonders wichtige Form der Übertragung, die nicht nur weit verbreitet ist, sondern die bei überangepassten, gehemmten Menschen ebenso wie bei Verwahrlosungen regelmäßig angetroffen werden kann, ist

3. das aus früher Kindheit mitgeschleppte Liebesdefizit.

Der neugeborene Mensch ist allein hilflos. Er ist lebensnotwendig auf Liebeszuwendung von außen angewiesen.

Nun kommt es in jeder Lebensgeschichte mit verschiedener Eindringlichkeit vor, dass diese Liebeszuwendungen von Bedingungen abhängig gemacht werden. „Wenn du schön brav, sauber, still und dergleichen mehr bist, dann bist du unser geliebtes Kind!" Diese an Bedingungen geknüpfte, so genannte konditionierte bzw.

bedingte Liebe ist die Ursache für autodestruktive Gedanken und Handlungen. Der Betroffene will, um nicht unterzugehen, die genannten Bedingungen erfüllen. Das gelingt ihm aber nur dadurch, dass er Teile seiner Lebendigkeit verdrängt, gleichsam abtötet, dass er sich zu einem stillen, bescheidenen, gefügigen Kind „abrichtet", indem er seine ursprüngliche Lebendigkeit begräbt, statt sie auszuleben.

Auch diese schlimmen Erfahrungen werden später im Leben des erwachsen gewordenen Menschen seine Wahrnehmungen und sein Verhalten als Übertragung einfärben. Er wird bei allen seinen Handlungen mehr oder minder darum besorgt sein, ob er gefällt, ob er gut ankommt, ob er dafür geliebt wird. Er wird sich in erster Linie in seinem Verhalten dadurch bestimmen lassen, Wohlwollen zu erringen. Freud nannte dies eine positive Übertragung.

Dieser Art von Liebessuche ist mit der Realitätsprüfung nicht beizukommen. Denn es gilt, mehrere Hindernisse zu überwinden:

a) Zunächst muss Einvernehmen darüber hergestellt sein, dass nur in der Kindheit ein Recht auf Liebe von außen her besteht, und dass seelisch gesunde Erwachsene zwar die gleichen Liebesbedürfnisse haben wie Kinder, dass jedoch der Anspruch erloschen ist, ihre Liebesbedürfnisse von anderen gestillt zu bekommen. Sie müssen sich diese Bedürfnisse selber stillen.

b) „Emotionale Schulden", die aus der Kindheit stammen, sind so genannte Altlasten. Sie können wegen der Verschiedenheit der Verhältnisse, wie sie zwischen Leib und Umwelt beim Kind und beim Erwachsenen bestehen, nicht mit gleicher Münze ausgeglichen werden.
Es ist daher unumgänglich, dass sich der erwachsen gewordene Betroffene in seine Kindheit zurückversetzt. Die Psychoanalyse spricht von Regression. Das ist eine Umkehr, die niemandem von einem anderen abgenommen oder erlassen werden kann. In christlicher Ausdrucksweise handelt es sich um „Buße", was wörtlich soviel wie Umkehr heißt.

c) Es muss Einvernehmen darüber bestehen, dass die an den traumatischen Situationen beteiligt gewesenen Personen nicht rückwirkend geändert werden können. Der Betroffene kann nur sich selbst und die von ihm gegen sich selbst gerichtet gewesenen Konsequenzen ändern.

Daher kann das entstandene Liebesdefizit nur vom Betroffenen selbst und nur insoweit aufgefüllt werden, wie er die volle Verantwortung für die Entstehung dieses Liebesdefizits selbst übernimmt. Das heißt, dass wir mit seelischen Mitteln die Folgen äußerer Gewalteinwirkungen nicht ändern können. Gegenstand psychopädischer Maßnahmen sind daher allein die inneren Antworten, die sich der Betroffene damals gegeben hat. Stellt sich heraus, dass er damals mit autodestruktiven Gedanken und Handlungen reagiert und innerlich dem Peiniger zugestimmt hat, dann hat er insoweit die Möglichkeit, dieses damalige Antwortverhalten zu berichtigen. Er kann sich nachträglich neu in seine frühe Kindheit einbringen und sich nun die Liebe und Erbarmung geben, zu der er damals noch nicht fähig gewesen ist.

Ein Beispiel: Eine junge Frau klagt über eine unnatürliche Scheu, die sie Männern gegenüber empfindet, und zwar gerade dann, wenn sie sich von ihnen angezogen fühlt. Sie hatte als Kind schwer unter dem Jähzorn ihres Vaters zu leiden, der sie oft, wenn er von der Arbeit nach Hause kam, beschimpfte und dabei nicht selten auch handgreiflich wurde. Sie war ihm entweder zu laut, stand ihm im Wege oder hatte ihr Spielzeug ausgebreitet. Es waren immer Kleinigkeiten, die bei ihm das Gewitter auslösten. Ihr fiel ein, dass sie sich regelmäßig Vorwürfe machte, nicht so zu sein, wie der Vater sie offenbar haben wollte. Sie habe sich Mühe gegeben, ihre Lebendigkeit zu unterdrücken, um ihrem Vater zu gefallen. So sei sie ein stilles, schüchternes Kind geworden.

Heute fühlt sie sich z.B. außerstande, ihren Chef um eine Gehaltserhöhung zu bitten. Sobald sie sich seinem Dienstzimmer nähert, bekommt sie Herzklopfen, nasse Hände und Ängste, als ob er ein übermächtiger, jähzorniger, auf Angriff gestimmter Unmensch sei, zu dem sie sich obendrein hingezogen fühlt. Es ist leicht zu erkennen, dass es sich um eine Übertragung handelt. Hinzu kommt, dass die junge Frau sich als Kind die fehlende Väterlichkeit nicht hat ersetzen können. So ist in ihrer Seele ein Liebesdefizit, eine „Hypothek" entstanden. Ergebnis: Die junge Frau verleiht heute allen Menschen, die ihr begegnen, mehr oder minder deutlich die Züge ihres Vaters. Damit verknüpft sie einerseits ängstliche Zurückhaltung aufgrund ihrer schlechten Erfahrungen mit dem Jähzorn des Vaters (negative Übertragung), andererseits die unbestimmte Erwartung, dass ihr von anderer Seite nunmehr das Liebesdefizit ausgeglichen werden müsse (positive Übertragung). Welches Verhalten sie auch im Einzelnen an den Tag legt, ist dabei gleichgültig. Sie mag sich überkompensierend, flirtend, ablehnend, provokativ oder ängstlich distanzierend verhalten. Entscheidend ist, dass ihr Verhalten nicht einhellig auf ihr jeweiliges Gegenüber, sondern auf ihr Vaterbild bezogen ist, das sie den ihr Begegnenden überstülpt, ohne dies selbst zu bemerken und ohne dass die ihr etwa entgegengebrachte Zuneigung etwas an ihrem alten Liebesdefizit ändern könnte.

Auch hier genügt die Realitätsprüfung nicht. Es genügt auch nicht, die Übertragung auszuräumen. In diesem Beispiel ist die Vergegenwärtigung der Kindheit nicht mehr als nur der Einstieg in die damalige Not, die nun allerdings insoweit behoben werden kann, wie die Betroffene sich des Kindes von damals erbarmt und ihm alle Liebe entgegenbringt, die benötigt wird, um das damals entstandene Liebesdefizit aufzufüllen.

Bei Erwachsenen können die aus früher Kindheit stammenden Liebesdefizite durch die Zuwendung erwachsener Partner nicht aufgefüllt werden.

Es gibt auch Übertragungen, die nicht primär auf Personen, sondern auf Ideologien bezogen sind. Da hat beispielsweise ein Kind erlebt, dass es immer dann zurückstehen muss, wenn es den Eltern um Geld geht. Tausendfach hat es die Erfahrung machen müssen, dass Geld sehr viel mehr wert ist als es selbst. Folglich hat es sich selbst oft abgelehnt, weil es sich nicht für so wertvoll hielt, wie es offenbar sein müsste, um geliebt zu werden. So ist ein frühkindliches Liebesdefizit entstanden, mit der Übertragung, dass Welt und Menschen fortan in der Weise entstellt werden, als ob sie alles nur am Kontostand messen würden, als ob nur das angesammelte Geld zählen würde. Eine bedrückende Vision!

Die durch das Übertragungsverhalten des Betreuten im Psychopäden hervorgerufenen Gefühle werden von uns nicht grundsätzlich als Gegenübertragung bezeichnet. Es handelt sich bei diesen Gefühlen gesunder Weise um Anteilnahme. Wenn beispielsweise das Kind ängstlich vor dem Krokodilhandschuh flieht und der Psychopäde daraufhin aus Mitgefühl das Krokodil von seiner Hand wegnimmt und wieder in die Spielzeugkiste wirft, dann nennen wir das nicht Gegenübertragung. Wenn der Psychopäde allerdings erwartet, von dem Kind geliebt zu werden, wenn er jenen Krokodilhandschuh nur deshalb wieder auszieht, weil er die Liebe des Kindes nicht verlieren will, dann ist dies eine Gegenübertragung, in der sich ein eigenes frühkindliches Liebesdefizit zu erkennen gibt.

Die Gefahr besteht darin, dass sich der Betreuer in der Anhänglichkeit und Zuneigung seiner Betreuten sonnt, dass er in die Rollen steigt, in die der Betreute ihn mittels Übertragung einweist, dass der Abstand zu diesen Rollen verloren geht, dass es dadurch zu einem Clinch kommt. Jedem Betreuer ist in dieser Hinsicht größte Wachsamkeit anzuempfehlen. Denn niemand ist immun gegen etwa aus seiner frühen Kindheit stammende Liebesdefizite. Sie wirken sich auch bei ihm für Erkennen, Werten und Handeln als blinde Flecken aus. Und weil es nicht gut ist, dass Blinde von Blinden geführt werden, gibt es die Möglichkeit der Supervision. Das heißt, jeder Betreuer kann in solchen Fällen, in denen er Gegenübertragungen bei sich bemerkt, Rat und Hilfe bei erfahrenen Supervisoren oder Coaches einholen.

Es geht auch darum, anzuerkennen, dass ein jeder sein Päckchen zu tragen hat. Niemand ist von Altlasten verschont. Niemand braucht sich seiner Altlasten zu schämen. Man sollte sich immer wieder klar machen, dass niemand, sei er Richter, Arzt, Priester, Handwerksmeister, Psychopäde oder was auch immer, über alles erhaben ist. Hier klingt die religiöse Thematik an. Die von Freud zutreffend als Abstinenzregel beschriebene Distanz lässt sich durchhalten, wenn der Psychopäde seinen Einsatz und seine Betreuten, seine Erfolge und seine Misserfolge aus Gottes Hand annimmt. Dadurch verleiht er sich und dem Betreuten immer aufs Neue jene Würde, aus der die zu seiner Arbeit erforderliche Distanz erwächst (siehe Kapitel *Innere Vorbereitung*).

Zusammenfassend sei betont, dass es eine wichtige Aufgabe des Psychopäden ist, dem Betreuten beim Erkennen von eigenen Übertragungen beim Ablegen dieser fundamentalen Störung behilflich zu sein.

Nun hat Freud gemeint, dass Übertragungen in der psychoanalytischen Behandlungssituation verstärkt in Erscheinung treten und folglich dort besser bearbeitet werden können. Das liegt meines Erachtens an Folgendem: Ein Betroffener entstellt durch seine Übertragungen unsere gemeinsame Wirklichkeit im Alltag, Gott sei Dank, oft nur ein wenig. Er bleibt daher in unserer gemeinsamen Wirklichkeit lebensfähig. Er sieht alles, wie es wirklich ist, wenn auch wie durch eine farbige Brille verfremdet, wie dies auch bei Optimisten und Pessimisten der Fall ist. Er korrigiert mit Hilfe seiner Sinne unablässig die in ihm andrängenden Bilder und Gefühle, allerdings ohne dass ihm das bewusst wird und ohne dass diese Korrekturen von Dauer sind.

In einem der vorhergehenden Fallbeispiele verleiht eine junge Frau allen Männern, also auch ihrem Chef, Züge ihres Vaters. Muss sie mit dem Chef etwas verhandeln, wird sie durch ihre Übertragung stärker irritiert, als wenn sie nichts mit ihm zu tun hätte. Ihre Sinneswahrnehmungen zeigen ihr jedoch immer wieder, wenn sie ihn anblickt und seine mimischen und körpersprachlichen Äußerungen erfasst, dass er nicht ihr Vater ist. Diese flüchtigen Korrekturen halten die Auswirkungen ihrer Übertragung in Grenzen. Anders wäre es, wenn sie ihn nicht sehen könnte und wenn er sich zugleich schweigend verhielte. Dann fehlten jene flüchtigen Korrekturen, so dass die Übertragungen sich intensiver entfalten könnten. Das ist meines Erachtens der Grund dafür, dass es in der klassischen Psychoanalyse dadurch zu Übertragungsintensivierungen kommt, dass der Betreute auf der Couch liegt, der Analytiker hinter ihm sitzt und – überwiegend schweigt.

Es ist in diesem Kapitel, das der Übertragung und ihren Folgen gilt, noch ein Wort über ein Verhalten zu sagen, das ich als „Weltbildverkleinerung" bezeichne. Ein Beispiel: Eine Frau hat einen Freund, der in der Bahnhofstraße wohnt. Seit kurzem ist die Beziehung zerbrochen. Sie hat viel Kummer deswegen. Sie vermeidet es seitdem, durch die Bahnhofstraße zu gehen. Sie vermeidet es auch, Geschäfte zu besuchen, von denen sie annimmt, dass sie ihm dort womöglich wieder begegnen könnte. Ihr fällt schließlich selber auf, dass sie den ganzen Stadtteil am liebsten umgeht, als ob sie dagegen allergisch geworden wäre. Dieser Stadtteil wird in ihrer Welt ausgespart und ihre Welt wird somit kleiner.

Wenn Übertragungen wie in dem vorigen Fallbeispiel mit Ängsten verknüpft sind, können sie zu dauerhaften Vermeidungen Anlass geben und wiederum ein Schrumpfen der Welt des Betroffenen bewirken. Schließlich sei auch beispielhaft die Ablehnung erwähnt, die viele Ratsuchende dem Begriff Gott und religiösen Fragestellungen entgegenbringen. Sie haben in ihrer Kindheit alles, was damit zusammenhängt, als bedrohlich, überstreng und ihrer seelischen Entwicklung gegenüber als feindselig erlebt. Die Übertragung dieser Erfahrungen in ihr heutiges Erwachsensein bringt allergisch anmutende Effekte hervor. Sie schütten dabei das Kind mit dem Bade aus und machen im Zuge einer Weltbildverkleinerung einen wichtigen Sektor ihres Lebens für sich unzugänglich.

24 Die Einbeziehung des Religiösen in die Psychopädie

„An einen Gott glauben heißt, die Frage nach dem Sinn des Lebens verstehen. An einen Gott glauben heißt sehen, dass es mit den Tatsachen der Welt noch nicht abgetan ist. An einen Gott glauben heißt sehen, dass das Leben einen Sinn hat." – Ludwig Wittgenstein

Die ausdrückliche und den Leser vielleicht überraschende Einbeziehung des Religiösen in die Psychopädie hat anthropologische Gründe. Das der Psychopädie zugrunde liegende Menschenbild erschöpft sich nicht in Psychosomatik. Der Mensch wird als dreipersonale Person, als Körper, Seele und Geist betrachtet, und zwar nicht isoliert, sondern in unauflöslichem Zusammenhang mit dem Ganzen der Welt, deren Teil er ist. Diese Bezogenheit bettet den Menschen ein in das kosmische Geschehen, das allein durch seinen Schöpfer Sinn erhält.

Diese Zusammenhänge sind nicht mit logischen Schlüssen zu erfassen; sie orientieren sich vielmehr an Glaube, Hoffnung und Liebe. Nur diese sind als spezifisch menschliche Fähigkeiten in der Lage, die für die seelische Gesundheit unumgängliche Sinnfrage zu beantworten.

„Ohne den christlichen Stoff, das Element des Lebens, des Geistes und der Imagination, Inspiration, Intuition ist eine positive Bewusstseinsentwicklung nicht möglich." – Joseph Beuys

„Wer Gott aufgibt, löscht die Sonne aus, um mit einer Laterne weiterzuwandeln." – Christian Morgenstern

Während die Naturwissenschaft ihre Ergebnisse erzielt, indem sie die Sinnfrage ausklammert und Zusammenhänge isoliert erforscht, können wir für unsere Psychopädie und für unser Leben keinesfalls darauf verzichten, die Frage nach dem Sinn und Zweck des Lebens und folgerichtig die Bezugnahme auf Gott zu stellen und immer wieder für uns persönlich zu beantworten.

Der Mensch ist erfreulicherweise, obwohl ein Individuum, nicht isoliert. Er ist transzendent, d.h., er ist erfüllt von dem über ihn hinausweisenden Sinn, von der ihn führenden und begleitenden Liebe Gottes.

25 Konstruktive und organismische Bauweise: naturwissenschaftliches Vorgehen und psychopädische Betrachtungsweise

Das Verständnis für den Unterschied zwischen naturwissenschaftlichem Vorgehen und der hier angewandten psychopädischen Betrachtungsweise wird erleichtert, wenn man sich den Unterschied zwischen konstruktiven und organismischen Bauweisen klar macht.

Mit konstruktiven Bauweisen ist beispielsweise die Art und Weise gemeint, mit der wir Menschen Häuser und Städte bauen. Wir gehen dabei möglichst vom aktuellen Stand des Wissens und der technischen Möglichkeiten aus und berücksichtigen, soweit irgend möglich, auch zukünftige Entwicklungen und Bedürfnisse, wenn wir Teil für Teil zusammenfügen. Trotzdem erlebt jeder immer wieder, dass nachträglich Straßen aufgerissen werden, weil unvorhergesehene Bedürfnisse die Verlegung neuer Kabel und Rohre oder den Bau neuer Untergrundbahnen und Unterführungen notwendig machen.

Demgegenüber ist unter organismischer Bauweise das Wachstum von Organismen zu verstehen, deren genetischer Code in jeder Zelle ihres Organismus vorhanden ist. In jeder Zelle ist also alles enthalten, was an Befehlen zur weiteren Entfaltung des Organismus notwendig ist. Der Abend ist sozusagen im Morgen bereits wirksam. Das erinnert an die Mosaische Aussage über die Schöpfungstage. Da heißt es nicht, dass aus Morgen und Abend ein Tag wurde, sondern es heißt: „Da wurde aus Abend und Morgen der soundsovielte Tag."

Ein weiteres Beispiel, das die organismische Bauweise verdeutlicht, ist der Stoffwechsel. Alle Atome, aus denen der Organismus besteht, werden unaufhörlich ausgewechselt, ohne dass das Wachstum, die erworbenen Qualitäten oder das Altern dadurch Schaden nehmen. Kurzum: Das organismische Ganze ist in allen seinen Teilen repräsentiert und kann mehr oder weniger durch seine Teile erkannt werden. Es ist das Ganze eines Organismus, das jedem seiner Teile seinen Ort, seine Gestalt, seine Relationen und Funktionen und damit auch seinen Rhythmus zuweist. Organismisches Wachstum offenbart die Führung des Geistes. Es ist der Geist, der sich den Körper und die Seele baut, indem ihm die Erde das benötigte Material zur Verfügung stellt.

Organismische und konstruktive Bauweise schließen einander nicht aus. Zum Beispiel können in einem organismisch gewachsenen und weiterhin sich entwickelnden Lebewesen die zur konstruktiven Bauweise zu zählenden chirurgischen Eingriffe sowie die Einpflanzungen von Hormonkristallen oder von Organen und Prothesen durchaus hilfreich sein. Sie leisten das Gewünschte jedoch nur, wenn es dem Organismus gelingt, sie in das organismische Geschehen einzubeziehen, sie als dazugehörig anzunehmen. Die konstruktive Bauweise gehört zur Funktion des Wissens, zur traditionellen Naturwissenschaft, zur Logik und zur Kausalität, in denen die Wiederholbarkeit von Ursache und Wirkung maßgebend ist. Die organismische Bauweise ist in den Stoffwechsel und damit in das Leben einbezogen. Sie gehört zur Funktion von Glaube, Hoffnung und Liebe, wo die Sinnfrage an erster Stelle steht und wo ein Schöpfer in allen Dingen, Wesen und Personen der Schöpfung repräsentiert ist und jedem Leben Sinn verleiht. Bei einer organismischen Bauweise werden alle „Bauelemente" unablässig erneuert, ohne dass dabei „Baustellen" entstehen, so wie in unserem Körper die Zellen beständig und ohne dass wir es bemerken erneuert und die Bestandteile ausgetauscht werden. (Jeden Tag werden bei einem Menschen ca. 600 Mio. Zellen neu gebildet und ebensoviele abgebaut.)

26 Von der Verantwortung oder: die Leihgabe

Die Frage nach Verantwortung lässt sich anschaulicher darstellen an Hand des einfachen Beispiels vom Ausleihen eines Autos. Zunächst eine Frage: Stellen Sie sich vor, Sie bekommen von einem Freund ein Auto geliehen, da Ihres gerade in Reparatur ist. Wie würden Sie dieses Auto für die Zeit der Leihgabe behandeln?
a) Wie Ihr eigenes?
b) Besser als Ihr eigenes?
c) Da es nicht Ihres ist, es nicht pflegen?

Stellen Sie sich bitte einmal vor, wir beide leihen uns je ein Auto bei einem Autoverleiher. Wir leihen dieses Auto für einige Wochen und bekommen beide das gleiche Modell. Einmal in der Woche komme ich dann zu Ihnen und pflege Ihr Auto, wasche und putze es und sorge dafür, dass es bestens in Schuss ist. Ich gehe davon aus, dass Sie sich darüber freuen, und Sie denken sich, dass wird er sicher gerne tun, sonst täte er es nicht. Da ich allerdings nicht unbegrenzt Zeit habe, komme ich nicht dazu, mein eigenes Auto zu pflegen. Es ist folglich in diesen Wochen nicht gereinigt oder gewaschen worden. Nach drei Monaten geben wir dann beide unsere Autos dem Autoverleiher zurück.

Ich bin sicher, der Autoverleiher wird Sie loben und wird Ihnen sagen, Sie bekommen jederzeit wieder ein Auto, vielleicht sogar zu ermäßigtem Preis, da Sie mit dieser Leihgabe so sorgsam umgegangen sind. Bei meinem Auto wird er anders reagieren. Er wird mich fragen, wieso ich es nicht gepflegt habe, und er wird mir sagen, dass er mir kein Auto mehr leihen wird. Ich würde dann vielleicht argumentieren: „Wieso ich nicht? Ich habe doch immer das Auto des anderen gepflegt und dieser hat in Wirklichkeit nichts getan." Doch dem Autoverleiher ist das egal. Ihn interessiert nicht, wer welches Auto gepflegt hat und wer nicht, ausschlaggebend für ihn ist, wem er das Auto gegeben hat, und dieser ist dafür ihn gegenüber allein verantwortlich. Ich war also nur für meines und nicht für das des anderen zuständig.

Ich hoffe, es ist deutlich geworden, dass es darauf ankommt, zunächst für das eigene geliehene Auto zu sorgen und dann erst, wenn man möchte und wenn noch Zeit ist, für das andere.

Eine ähnliche Situation kennen Sie vielleicht vom Fliegen. Hier werden bei jedem Flug vom Kabinenpersonal die Sicherheitshinweise gegeben. Die Stewardess sagt: „Im Falle eines eventuellen Druckverlustes in der Kabine fallen automatisch Sauerstoffmasken herunter. Ziehen Sie diese über Mund und Nase und machen Sie sie fest. Erst dann kümmern Sie sich um Kinder und evtl. bedürftige Mitreisende." Hier ist jedem ganz klar, dass es darauf ankommt, erst sich zu sichern und dann die anderen. Wenn man nämlich erst die anderen sichert, kann es sein, dass am Ende keiner heil davonkommt.

Eine weiteres Beispiel: Stellen Sie sich vor, ein Freund kommt zu Ihnen und sagt: „Ich leihe dir auf unbestimmte Zeit ein sehr schönes Auto. Du darfst es solange behalten, bis ich es wieder brauche. Ich kann allerdings nicht sagen, wann das sein wird. Es kann in einer Woche, in einem Jahr oder so sein. Aber wenn ich es brauche, benötige ich es gleich zurück. Dieses Auto wird dir auch keine Kosten verursachen, außer Benzin und gelegentliche Wartungen, denn Steuern und Versicherung übernehme ich auch." Würden Sie dieses Angebot annehmen? Ich denke ja.

Nun fahren Sie mit diesem schönen Auto und je länger Sie es haben, desto mehr gewöhnen Sie sich daran. Nach einigen Monaten kommt derjenige, der Ihnen das Auto geliehen hat, überraschend zu Ihnen und fordert sein Auto zurück. Wie geht es Ihnen dann, was denken Sie? Ich vermute, dass Sie alle möglichen Argumente finden werden, warum das jetzt gerade ganz dumm ist und Sie es selbstverständlich zurückgeben, aber doch bitte den Zeitpunkt selbst bestimmen möchten bzw. er müsste es vorher ankündigen, da Sie es jetzt gerade benötigen. Vielleicht haben Sie auch das Gefühl, dass es zu diesem Zeitpunkt gerade nicht in einem besonders gut rückgabefähigen Zustand ist. Hier entsteht Ärger, auch wenn Sie objektiv betrachtet ein gutes Geschäft gemacht haben, denn Sie sind ja einige Monate fast kostenlos gefahren. Außerdem war Ihnen ja bekannt, dass Sie es irgendwann zurückgeben müssen und so hätten Sie z.B. für eine Rückgabe vorbereitet sein können bzw. hätten entsprechende Vorsorge treffen können.

Wenn Sie sich nun vorstellen, dass es mit dem Leben des Menschen ebenso ist, dann wird Ihnen der Sinn dieser Geschichte deutlich. Einige Theaterstücke, wie z.B. *„Der Brandtner Kasper"* von Franz von Kobell, haben diese Thematik zum Inhalt. Wir alle haben uns bei unserer Geburt als eine Leihgabe bekommen. Wann wir diese, nämlich unseren Körper, werden zurückgeben müssen, ist Ihnen und auch keinem anderen Menschen bekannt. Da er jederzeit von uns zurückgefordert werden kann, ist es natürlich sinnvoll, sich und seinen Körper stets gut in Schuss zu halten und als eine Kostbarkeit zu pflegen, damit dann, wenn das Leben von uns gefordert wird, wir nicht erst anfangen die Pflege nachzuholen. Dann wäre es dafür auch sowieso zu spät.

Ähnlich verhält es sich übrigens mit unseren Kindern. Auch diese sind in Wirklichkeit ja nur Leihgaben und keineswegs der Besitz der Eltern. Dies wird oft schmerzlich bewusst, wenn sie flügge geworden sind und aus dem Elternhaus streben.

Im folgenden Kapitel machen wir Sie vertraut mit den Mechanismen, wie in früher Kindheit die Neurosen oder, anders benannt, die Gehemmtheitsstrukturen entstehen, die uns später zu schaffen machen.

27 Die Entstehung von Gehemmtheit oder das Gleichnis von „Stuhl und Decke"

Dieses Kapitel handelt davon, wie wir uns das Entstehen von Gehemmtheiten, von Neurosen, von seelischen Störungen und Krankheiten und schließlich auch deren Behandlung vorstellen.

Zum leichteren Verständnis haben wir vor vielen Jahren die Geschichte: „Stuhl und Decke" geschrieben, die diese Zusammenhänge mit Hilfe der Beschreibung einer Hundedressur verdeutlichen soll.

Die Geschichte besteht aus vier Teilen. Der erste Teil handelt vom Lernmuster einer Hundedressur. Im zweiten Teil wird beschrieben, wie bei einem bisher gesunden, aber dressierten Tier eine seelisch bedingte Funktionsstörung herbeigeführt werden kann. Der dritte Teil behandelt dann Aspekte von Träumen. Der vierte Teil, der aufzeigt, wie wir uns die Gesundung und den Heilungsweg vorstellen, wird dann im Buch über das psychopädische Vorgehen in der Betreuung beschrieben.

Zum besseren bildhaften Verständnis empfehlen wir, sich mit Hilfe eines Stuhles und einer Decke schon beim Lesen die einzelnen Schritte zu verdeutlichen. Noch ein Hinweis: *Denken Sie wieder zwischendurch beim Lesen daran, es sich recht behaglich zu machen. Halten Sie kurz inne und lassen Sie innerlich los. Lassen Sie die Schultern und die Bauchdecke los. Lassen Sie die Kniekehlen los und den ganzen Rücken, ja, lassen Sie eine Welle des Loslassens durch den ganzen Körper gehen, durch die Wangen, die Ohren, die Lippen, auch durch die Zungenspitze, so dass Sie das Gefühl haben, der ganze Körper ruht behaglich aus.*

„Stuhl und Decke", erster Teil

Stellen Sie sich einmal vor, wir beide besäßen einen Hundezwinger und wir hätten die Aufgabe übernommen, einen Hund als Wachhund für eine ländliche Schlachterei abzurichten. Wir sollten diesen jungen Hund so dressieren, dass er sich später im Laden seines Herrchens aufhält und dort auf alles, auch die Würste, den Schinken und das Gehackte aufpasst, ohne sie zu fressen. Er soll sich dann so verhalten, als ob das alles nicht fressbar sei. Aber natürlich soll er fressen, was sich im Futternapf befindet. Wie können wir das erreichen?

Ich schlage vor, wir lassen das Ganze sich in einem Raum abspielen. Auf den Tisch haben wir ein Stück Fleisch gelegt. Der noch undressierte Hund befindet sich vor der verschlossenen Tür. Dann öffnen wir die Tür. Sofort erlebt der Hund das, was wir Witterung nennen, er erlebt die Wahrnehmung „da ist was, das riecht gut, das ist fressbar, das schmeckt gut, das macht satt". Und dann, happ, happ, happ, weg ist das Fleisch!

Was machen wir nun? Wir wollen ja erreichen, dass der Hund das Fleisch, das da liegt, nicht frisst, aber sehr wohl das, was wir ihm im Futternapf vorsetzen, denn sonst würde er ja verhungern. Wir beschließen, dem Hund Schmerzen zu bereiten, sobald er das verbotene Fleisch anpackt, sei es, mit leichten, ungefährlichen elektrischen Schlägen oder auf irgendeine andere Weise.

Später wiederholen wir die ganze Geschichte. Wieder liegt hier ein Stück Fleisch, wieder öffnen wir die Tür und wieder stürzt der junge Hund herein. Was erlebt er diesmal? Wieder wittert er das Fleisch und wieder frisst er es. Aber frisst er es mit dem gleichen Appetit wie gestern? Nein. Er gibt deutlich zu erkennen, dass er sich dabei nicht richtig wohl fühlt. Zu dem Erlebnis „das riecht gut, das ist fressbar, das schmeckt gut, das macht satt," ist etwas Weiteres hinzugekommen, nämlich ein Unlustgefühl, die Erinnerung an etwas schmerzhaft Bedrohliches. Nennen wir es einfach „tut weh". Der Hund erlebt jetzt: „riecht gut, fressbar, schmeckt gut, macht satt, tut weh." Die Witterung des Fleisches weckt in ihm lustvolle Gefühle zugleich mit einem bitteren Nachgeschmack.

Diesen Vorgang wiederholen wir nun einfach so lange, bis das „tut weh" an die erste Stelle seiner Empfindungen rückt. Jeden Tag nämlich, so lange der Hund das Fleisch noch frisst, verstärken wir seine Unlustgefühle, die von uns mit diesem Vorgang verknüpft werden, so dass dann allmählich das „tut weh" immer weiter nach vorne wandert: „riecht gut, fressbar, schmeckt gut, tut weh, macht satt." ... „riecht gut, fressbar, tut weh, schmeckt gut, macht satt." ... „riecht gut, tut weh, fressbar, schmeckt gut, macht satt" ... bis es schließlich in ihm heißt: „Tut weh, riecht gut!". Wenn der Hund jetzt wieder zur Tür hereinkommt, dann wittert er zwar noch immer das Fleisch. Daran hat sich noch nichts geändert. Aber was löst diese Witterung nun in ihm aus? „Tut weh"-Gefühle! Und er mag das Fleisch nicht mehr fressen.

Der Hund wandert jetzt ruhelos in dem Raum umher. Er wird ständig von dieser Witterung beunruhigt. Sie ist allgegenwärtig im ganzen Raum. Ob der Hund unter das Bett kriecht oder ob er auf den Schrank springt, ob er sich hinter dem Schreibtisch verkriecht, wo auch immer der Hund sich aufhält und was auch immer er tut, ob er sich hinlegt und schlafen will oder ob er herumspielt, überall löst diese Witterung in ihm Angst aus: „Tut weh! ... fressbar, schmeckt gut, macht satt. Tut weh! ... fressbar, schmeckt gut, macht satt." Man kann sich das gar nicht deutlich genug machen. Jetzt können wir spazieren gehen und den Hund in dieser Situation allein lassen, denn den letzten Teil der geplanten Dressurarbeit vollzieht die Natur ganz von selbst.

Wie macht sie das? Die Erfahrung hat uns gelehrt, dass Lebewesen Angst nicht für längere Zeit durchhalten können. Plötzlich brennt so etwas wie eine Sicherung durch. Irgendwann kommt deutlich bemerkbar der Augenblick, an dem das vorher so Beängstigende scheinbar völlig gleichgültig wird. Ähnliche Erfahrungen werden von Menschen berichtet, die lang anhaltenden großen Stressbelastungen z.B. in Bürgerkriegen ausgesetzt waren. Und so ist es auch bei unserem Hund. Er wird noch eine ganze Weile in diesem Raum herumstreifen mit eingekniffenem Schwanz, so wie Hunde es tun, wenn sie ein schlechtes Gewissen haben. Er wird vielleicht jaulen. Und dann, ganz plötzlich, wird er die Witterung für das Stück Fleisch nicht mehr wahrnehmen.

Mit der Witterung und dem „tut weh!" ist gleichzeitig die gesamte Empfindungskette auch das „fressbar, schmeckt gut, macht satt!" aus seinem Empfinden verdrängt worden. Im Erleben unseres Hundes ist eine Lücke entstanden, und genau damit ist die Dressuraufgabe gelöst.

Stellen Sie sich den ganzen Vorgang einmal bildlich vor wie auf einer Bühne: Der Raum, in dem Sie sich befinden, sei die Erlebniswelt des Hundes. Der Stuhl, den Sie sich zugleich mit einer Wolldecke bereitgestellt haben, stellt das Bedürfnis des Hundes dar, jenes Stück Fleisch zu verspeisen. Was haben wir nun mittels der Dressur gemacht? Wir haben dieses Bedürfnis mit einer Decke von Angst- und Schuldgefühlen zugedeckt. Am besten ist, Sie tun das gleich einmal selbst. Legen Sie die Decke auseinander und breiten Sie sie dann so über dem Stuhl aus, dass eine Armlehne und ein Teil der Rückenlehne frei bleiben.

Nun stellen wir uns vor, Stuhl und Decke verschwinden, wie das auf Theaterbühnen ja möglich ist, in dem Boden der Bühne, sozusagen in der Versenkung. Dann ist dadurch an jener Stelle der Bühne eine Lücke entstanden. Und unten im Keller, unter diesem Raum, da befindet sich nun dieses Stück Inventar von der Bühne, dieser Stuhl mit seiner halbwegs darüber ausgebreiteten Decke. Im Leben des Hundes ist dieser Fressdrang nicht mehr aktiv

Soweit der erste Teil von Stuhl und Decke. Im Vorgriff auf den zweiten Teil der Geschichte können Sie schon jetzt die Frage beantworten, was wohl zuerst auftauchen wird, wenn es möglich werden sollte, dieses verdrängte Gebilde wieder auf die Lebensbühne, also in das Bewusstsein zu heben? Der Stuhl oder die darüber liegende Decke? Sie brauchen es sich nur einfach anzusehen. Was liegt zuoberst?

Wenn Sie die Decke richtig über die Lehne geworfen haben, dann sehen Sie sofort, dass das Erste, was auftauchen wird, die Decke ist. Ich erzähle Ihnen das deshalb so ausführlich, weil dieser Sachverhalt gern vergessen und fälschlich auch umgekehrt berichtet wird. Das Erste nämlich, was auftaucht, ist nicht das Bedürfnis! Das Erste, was aus dem Bühnenkeller, man kann auch sagen dem Zustand des Gehemmtseins, wieder auftaucht, sind die Unlust-, Angst- und Schuldgefühle. Und es ist oft nicht so einfach zu erkennen, was für ein Bedürfnis sich dahinter verbirgt.

„Stuhl und Decke", zweiter Teil

Im ersten Teil haben wir uns damit beschäftigt, wie ein Hund so abgerichtet werden kann, dass er die Schinken, Würste, Braten und was es sonst noch alles in einem Schlachterladen gibt, nicht mehr als fressbar bemerkt, sondern dass er sich auf das beschränkt, was für ihn im Futternapf zubereitet ist. Wir haben gesehen, wie ein bestimmtes Bedürfnis mit Angst- und Schuldgefühlen zugedeckt wird, durch einen Vorgang, den man Dressur nennt. In diesem zweiten Teil werden wir nun näher miteinander anschauen, was geschieht, wenn wir das in der Versenkung verschwundene Gebilde, „Stuhl und Decke" wieder zum Auftauchen zwingen.

Wir befinden uns wieder mit dem erfolgreich dressierten Hund im Trainingsraum. Auf dem Tisch liegt ein Stück Fleisch. Unser Hund kümmert sich nicht darum. Er liegt ruhig ausgestreckt und schnappt vielleicht nach einigen Fliegen, die ihm um die Ohren summen. Draußen vor der Tür befindet sich heute ein in dieser Hinsicht undressierter Hund. Um Ihnen verständlich machen zu können, was jetzt geschehen soll, muss ich vorab erklären, was unter *Futterneid* und *Konsonanz der Affekte* zu verstehen ist.

Konsonanz der Affekte
Sie haben sicher schon einmal das eindrucksvolle Phänomen erlebt, dass in Ihrer Nähe jemand anfing zu essen und es nicht lange dauerte, bis Ihnen „das Wasser im Munde zusammenlief". Bei allem, was wir erleben, erklingen wir sozusagen mit. Das geht so weit, dass bei allem, was wir wahrnehmen und erleben, in unserem ganzen Körper entsprechende Spannungen erzeugt werden, die mit den Wahrnehmungen und mit dem Erleben einhergehen.

Es kommt zwar vor, dass wir Bilder anschauen, ohne sie bewusst zu erfassen. Wenn wir das wirklich erfassen, was auf einem Bild dargestellt ist, entstehen gleichzeitig in unserem Organismus gewisse Spannungen. Diese Zusammenhänge wurden in vielen Experimenten wissenschaftlich untersucht. Ich nenne Ihnen zur besseren Veranschaulichung eine von Scheminsky und Allers, Wien, stammende Untersuchung: Sie hatten mit einer Reihe von Versuchspersonen vereinbart, dass diese sich ganz entspannt in Liegestühle legen. Dabei wurden an ihren Armen und Beinen Elektroden angelegt, um auftretende Muskelaktionsströme aufzuzeichnen, so wie Sie das vielleicht vom Elektrokardiogramm her kennen. Dann hat man diesen Versuchspersonen auf einer Leinwand in einem bestimmten Sekundenabstand Diapositive gezeigt. Gleichzeitig wurden die Muskelaktionsströme registriert, so dass man genau feststellen konnte, bei welchem Bild welche Impulse ausgelöst wurden.

Das Ergebnis war Folgendes: Eines der Bilder zeigte ein springendes Pferd. Während dieses Bild gezeigt wurde, traten bei fast allen Probanden in den entsprechenden Muskelgruppen, die das Pferd für seinen Sprung benutzt hatte, Muskelaktionsströme auf. Nur eine kleine Anzahl von Versuchspersonen ließ diesen Befund vermissen. Und als man diese bat, sie sollten aufzählen, was für Bilder gezeigt worden waren, da stellte sich heraus, dass sie das Bild des springenden Pferdes nicht erwähnten. Sie hatten das Bild zwar vielleicht gesehen, aber sich nicht vergegenwärtigt, was darauf dargestellt worden war. Sie haben den Sprung des Pferdes sozusagen nicht miterlebt. Dies ist eine von zahlreich vorliegenden Untersuchungen, die beweisen, das Erlebnis eines Bildes regelmäßig bewirkt, dass gleichzeitig im eigenen Körper die entsprechenden Impulse anklingen. Das nennt man Konsonanz der Affekte oder auch „Ideoplasie" (Eine Idee nimmt Gestalt an).

Futterneid
Das andere Phänomen, von dem die Rede ist, wird als Futterneid bezeichnet. Wenn nämlich ein Hund seinen Futternapf nicht leer gefressen hat, und er sich dann satt daneben legt, um zu schlafen, lässt er dennoch nicht zu, dass ein zweiter Hund den Rest verzehrt. Würde ein zweiter Hund den Versuch machen, sich über den Rest herzumachen, dann müsste der erste Hund ihn wegbeißen und, obgleich er gesättigt ist, den Rest selber fressen. Und wenn er, weil er dann zu voll gefressen ist, das Gefressene unter Umständen wieder von sich geben müsste, dann würde er, wenn ein anderer Hund sich diesem nähert, sogar das Erbrochene wieder fressen und nicht zulassen, dass ein anderer Hund es ihm wegfrisst. Genauso ist es, wenn ein anderer zweiter Hund anfängt zu fressen, dann löst dieser Vorgang in dem ersten Hund zwingend Fresslust aus, so dass er den anderen als Rivalen erlebt.

Gestützt auf diese Erkenntnis, dass der Fresstrieb und der Futterneid eng aneinander gekoppelt sind, werden wir jetzt mit unserem dressierten Hund im Trainingsraum einen Versuch machen. Er liegt noch immer in unserem Raum und schnappt nach Fliegen. Aber nun öffnen wir die Tür und lassen den undressierten zweiten Hund herein. Dieser wittert sofort das Fleisch: „riecht gut, fressbar, schmeckt gut, macht satt" und beginnt, das Fleisch zu fressen.

Was passiert jetzt mit unserem ersten Hund? Was meinen Sie? Meinen Sie, er frisst auch? Lassen Sie uns überlegen. Wir haben gesagt, das Erleben, dass dieses Stück Fleisch fressbar ist, ist in unserem ersten Hund gar nicht mehr verfügbar, denn es wurde ja verdrängt. Es befindet sich, wie jener Stuhl, der mit der Decke zugedeckt ist, in der Versenkung. Und auf diesem Bedürfnis liegt die Decke, die in unserem Beispiel Angst- und Schuldgefühle darstellt. Was passiert jetzt, was geht in unserem Hund nun vor sich?

Der zweite Hund ist unabhängig von unserer Dressur. Mit seinem Schmatzen zwingt er den ersten Hund zu erleben, dass es im Raum etwas Fressbares gibt. Die normale Reaktion des ersten Hundes wäre nun, den anderen Hund wegzubeißen und das Fleisch selber zu fressen. Aber dieser erste Hund ist nicht mehr unbedarft, sondern er ist speziell dressiert worden. Deshalb müsste zunächst das in der Versenkung verschwundene Gebilde wieder auftauchen. Tatsächlich erreichen wir dieses, denn durch den in ihm instinktiv vorhandenen Futterneid ist er gezwungen, zu erleben, dass es Fressbares gibt: „Fressbar, schmeckt gut, macht satt!" Doch nein, so hieß es ja nicht mehr, sondern: „Tut weh! ... fressbar, schmeckt gut, macht satt!" Auf diesem Teil des Fresstriebes liegt große Angst.

Was wird er also tun? Das ist im Einzelnen durchaus verschieden. Es fragt sich, zu welcher Rasse der Hund gehört, wie gut gelungen die Dressur ist, ob sie tief oder weniger tief verankert ist, ob die Decke den ganzen Stuhl bedeckt oder nur halb. Alles ist möglich. In jedem Fall wird der Verlauf zwar etwas unterschiedlich sein, aber meistens wird Folgendes geschehen: Der dressierte Hund wird einen Ansatz machen, den anderen wegzubeißen und selbst zu fressen. Doch während er diesen Ansatz macht, wird er plötzlich innehalten, den Schwanz einkneifen und einen Angstzustand bekommen. Er wird sich um sich selbst drehen, wird jaulen und angelaufen kommen und Pfote geben. Aber sogleich wird er wieder merken, dass der andere Hund frisst. Das lässt ihn nicht los, und deshalb wird er einen zweiten Angriff starten. Immer wieder wird er einen Ansatz machen, auf den anderen loszugehen, um selbst zu fressen. Und immer wieder wird ihn ein Angstanfall seinen Angriff abbrechen lassen. Und jedes Mal wenn er sich abwendet, wird die Angst nachlassen. Doch kaum unternimmt er einen neuen Anlauf, tritt die Angst schon wieder auf. Würde ein solches Tier einige Tage später untersucht, könnte man bei ihm wahrscheinlich ein akutes Magengeschwür finden.

An Hand dieser Vorgänge haben wir hoffentlich deutlich machen können, dass Verdrängungen und die zu ihnen gehörenden Gehemmtheiten dann und fast nur dann zu Erkrankungen führen, wenn die Betreffenden in eine Situation geraten, in der sie genau das tun müssen, was sie wegen ihrer speziellen Gehemmtheit eben gerade nicht tun können. Also wenn Sie zwingend etwas tun müssen, was in der Kindheit erfolgreich gehemmt wurden. Dieses war der zweite Teil von Stuhl und Decke, der uns gezeigt hat, wie eine psychogene oder eine psychosomatische Erkrankung entstehen kann.

„Stuhl und Decke", dritter Teil: Folgen für die Träume
Dieser Teil zeigt die Folgen der Dressur für die Träume. Machen Sie sich wieder den Stuhl mitsamt der Decke zurecht. Falten Sie die Decke wieder auseinander und legen Sie sie bitte so über den Stuhl, dass die Sitzfläche ganz davon bedeckt ist und die Rückenlehne nur teilweise. Ein Stückchen Lehne sollte noch herausgucken.

Stellen Sie sich einmal vor, wie es wohl in einem Lebensbereich aussieht, aus dem Teile des Inventars, damit sind in unserer Erläuterung einzelne Bedürfnisse gemeint, verdrängt worden und in der Versenkung verschwunden sind. So wie bei unserem Hund. Bei ihm ist an jener Stelle, wo – bildlich ausgedrückt – der Stuhl mit der Decke gestanden hat, auf seiner Lebensbühne eine Lücke entstanden. Ein Stück Inventar aus seinem Erlebensbereich fehlt. Denken Sie jetzt bitte daran, dass es uns allen ähnlich ergangen ist, dass bei uns allen auch Inventarstücke fehlen, weil wir alle bei uns selbst Verdrängungen erzeugt haben, der eine mehr, ein anderer weniger. Das hängt auch mit dem Unterschied zwischen Erziehung und Dressur zusammen. Unter Erziehung verstehen wir die Eingewöhnung von Verhaltensweisen, die aufgrund eigener Einsichten bejaht worden sind. Unter Dressur verstehen wir demgegenüber die Eingewöhnung von Verhaltensweisen ohne Mitwirkung der Einsicht. Dann zeigt sich, dass vieles, was man bei uns so schön Erziehung nennt, besser als Dressur bezeichnet würde.

Wenn wir mit Beginn des zweiten Lebensjahres zur Sauberkeit angehalten werden – und was sind manche Eltern stolz, dass ihr Kind schon mit sechs Monaten sauber gewesen ist –, dann sind wir noch nicht imstande einzusehen, warum wir da etwas ins Töpfchen hergeben müssen, und warum dann die Mutter entweder mit einem freudestrahlenden oder naserümpfenden Gesicht triumphierend davoneilt und irgendwo verschwindet, wohin wir ihr noch nicht nachfolgen können. Wir können das Warum noch nicht verstehen. Wir werden insoweit also nicht erzogen, das heißt, es wird nicht an unsere Einsicht appelliert, etwa dass es doch viel besser ist, das Bettchen und die Windeln und die Wäsche sauber zu lassen und lieber das Klo zu benutzen, sondern wir werden kurzerhand daran gewöhnt.

Dies und jenes müssen wir befolgen, dann sind wir angenommen, dann werden wir geliebt. Und wenn wir nicht so handeln, wie wir sollen, dann merken wir sehr bald, dass man mit uns nicht zufrieden ist. Beim Tier nennt man so etwas Dressur. Es ist aber, wie gesagt, auch in unserer Kindheit nicht viel anders gewesen. Ob wir still sein sollten, ob wir nicht fragen durften, ob wir hier und da nicht hinsehen, nicht hinfassen durften, ob wir dies oder jenes unterlassen mussten, in der Mehrzahl der Fälle wird es so gewesen sein, dass es sich um Dressur gehandelt hat. Denn wir hatten viel zu selten Gelegenheit, um zu überlegen: „Sag mal, Mama/Papa, warum darf man denn nicht dahinsehen?" Die Antwort lautete oft: „Das tut man nicht!", „Halt einfach den Mund!", „Frag nicht so dumm!", ohne für ein Verstehen entsprechende Erklärungen zu geben. Das ist zwar etwas abgekürzt und vergröbert, trifft aber dennoch den Kern.

Viel gefährlicher wäre es noch gewesen, wenn sich das alles in einem atmosphärisch fein gesponnenen Netz ablehnender Gefühle abgespielt hätte, so dass sogar zu der Frage nicht mehr der Mut vorhanden war. Auch dann ginge es um Dressur. Auch wenn es uns vielleicht nicht angenehm sein mag: Viele unserer Verhaltensweisen, mit der Welt umzugehen, haben wir über Dressurvorgänge erworben. Wahrscheinlich muss das so sein. Denn in dem frühen Alter, in dem wir den Umgang mit der Welt erlernt haben, stehen uns Einsicht, Verstand und Vernunft noch nicht ausreichend zur Verfügung. Der Mensch ist offenbar so eingerichtet, dass er vielfach auf die Dressur bei der Erziehung seiner eigenen Kinder zurückgreifen muss, um sie vor Schaden zu bewahren.

Es ist eine Aufgabe des späteren Lebens, rückwirkend die Dressur wieder in Erziehung umzuwandeln, um von einem dressierten Menschen zu einem erzogenen zu werden. Dressur geht mit Verdrängungen einher, wie mit dem Hundebeispiel anschaulich gemacht wurde. Beim Menschen bezeichnen wir das Geflecht seiner Verdrängungen als Neurose.

Mit der Geschichte von „Stuhl und Decke" wurde gezeigt, wie die Zusammenhänge mit der Verdrängung verstanden werden können. Ein Kleinkind wird in ähnlicher Weise gehemmt. Hier ist die Angst vor dem lebensbedrohenden Vorenthalten von Liebe durch die Bezugspersonen vergleichbar mit dem Schmerz, den wir dem Hund zugefügt hatten. Und bedroht werden Teile seiner Lebendigkeit, die das

Kind folgerichtig bei sich ablehnt und verdrängt. Es hat seine Lebendigkeit an diesen Punkten mit einer Angst- und Schuldgefühlsdecke zugedeckt. Anders gesagt, über den beschriebenen Mechanismus wurden Teile seiner Lebendigkeit von der Bühne seines bewussten Erlebens verdrängt. Bildlich gesprochen hat dieser Mensch diese Teile seiner Lebendigkeit in den Keller seines Unbewussten verbannt. Das dem Betrachter manchmal grotesk Erscheinende ist, dass keineswegs immer ein kompletter Stuhl oder andere Inventarstücke als Ganzes in der Versenkung zum Verschwinden gebracht wurden, oft sind es nur Teile davon.

Im Märchen von Dornröschen sinkt in jenem Zauberschloss allerdings alles in hundertjährigen Schlaf: Die Hand des Kochs, der den Küchenjungen ohrfeigen will, das Feuer im Herd usw. Man muss sich das so absonderlich und so märchenhaft vorstellen, dass beispielsweise nur ein halber Stuhl, eine Kaffeetasse und vielleicht die Blumenvase unsichtbar geworden sind, so dass Wasser und Blumen frei auf dem Tisch stehen. Der Volksmund sagt darüber ganz zutreffend: „So jemand habe nicht mehr alle Tassen im Schrank." Man stößt überall auf Lücken, besser gesagt auf Löcher oder Truggebilde, auf die man hereinfallen kann.

Das für uns als Betroffene besonders Unangenehme an der Geschichte ist, dass wir die Falllöcher auf unserer eigenen Bühne des Lebens selber nicht ohne weiteres bemerken. Ein Beispiel: Da fordert ein gefügig gehemmter Mensch, der selbst gerade in Eile ist, seinen Gesprächspartner dazu auf, noch zu bleiben und sich zu setzen, obgleich er ihn im Grunde gerade jetzt fortwünscht. Wenn der andere das spürt, sich nicht setzt, sondern aufbrechen will, dann fragt ihn der gefügig Gehemmte in Verkennung seines wahren Interesses: „Sie wollen doch nicht schon gehen?"

Im nächsten Schritt ist festzustellen, dass alles Verdrängte in dem unter der Bühne befindlichen Kellerraum von uns angetroffen werden kann. Wir verlassen nun die Bühne, auf der Teile des Inventars fehlen, und gehen miteinander in den darunter gelegenen Keller. Der Raum ist dunkel. Er wird beim Menschen als das Unbewusste bezeichnet. Hier werden wir alle die Inventarstücke vorfinden, die oben fehlen. Hinzu kommt, dass alle mehr oder minder mit einer Decke bedeckt sind. Diese Feststellung ist wichtig. Es ist seltsam, wie gern wir das vergessen, dass dort über allem jene uns bekannte Decke liegt.

Könnten wir nun, wenn wir die Tür geöffnet haben, mit Blitzlicht ein paar Fotos machen, dann würden wir auf den so gewonnenen Bildern das vor uns haben, was wir als unsere Träume bezeichnen. Ist auf einem solchen Bild zufällig gerade der von der Decke frei gebliebene Anteil der Stuhllehne zu sehen, dann nennen wir diesen Traum einen Wunschtraum. In unserem Beispiel vom Hund würde sich ein Stück vom Fresstrieb offenbaren. Sein Traum, wäre er ein Mensch, könnte lauten: „Ich sitze an einem reich gedeckten Tisch und esse mich richtig satt."

Wäre auf dem Foto dagegen nicht nur ein Stück von der Stuhllehne, sondern auch ein entsprechendes Stück von der Decke zu sehen, dann enthielte der Traum neben dem Bedürfnis auch einen Angstanteil. Dann hieße der Traum beispielsweise: „Ich sehe in einem Schaufenster appetitliche Lebensmittel liegen. Da springt von hinten jemand auf mich zu und will mich verhauen." Dieser Traum enthält den Wunsch, dass etwas gegessen wird und die Handlung, dass zugebissen wird. Aber diese Handlung wird vom Träumer in seinem Traum so dargestellt, dass sie Angst macht und der Appetit vergeht.

Schließlich gibt es noch die dritte Möglichkeit, nämlich dass auf dem Foto lediglich die Decke zu sehen ist. Dann handelt es sich um das Bild eines Angsttraumes. Der Träumer kann sich dann nur daran erinnern, dass er im Traum Angst gehabt hat. Vielleicht klingt noch etwas an von hauen und gehauen werden, von schlingen und verschlungen werden. Es ist die Aufgabe der Psychopäde und der Psychotherapie, allmählich zunächst herauszugraben, was unter dieser Angstdecke denn eigentlich für ein Bedürfnis liegt.

Damit ist der dritte Teil von Stuhl und Decke beendet. Ich hoffe, dass viele Fragen in Ihnen angeregt worden sind. Bedenken Sie, dass die Intelligenz des Menschen mit dem Fragen anfängt.

28 Der Traum und das Wunder der Komplementarität

Träume sind keine Schäume. Deswegen werden wir hier einige Aspekte zu den Träumen erörtern und Möglichkeiten zum Umgang mit eigenen Träumen im Alltag aufzeigen.

Es gibt wunderbarerweise in jedem Menschen eine Instanz, die das innewohnende Ur-Selbstbildnis repräsentiert und die den Menschen ahnen lässt, wie Gott ihn gedacht hat, als er ihn schuf. Diese Instanz entspricht dem Erbbild, das in jede einzelne Körperzelle des Menschen hinein vervielfältigt worden ist und in jeder seiner Körperzellen seine unverwechselbare Individualität repräsentiert. Weicht der aktuelle Zustand eines Menschen von diesem, seinem Innenbild ab, so wird jene Instanz tätig. Sie sucht diese Abweichung, die wir als Notlage bezeichnen, durch komplementäre Impulse kenntlich zu machen, damit sie kompensiert bzw. ausbalanciert werden können. Fehlen beispielsweise im Stoffwechsel Kalorien, so wird diese im körperlichen Bereich bestehende Notlage als Hunger erlebt. Fehlt dem Stoffwechsel Wasser, erkennen wir die im körperlichen Bereich bestehende Notlage als Durst. Im geistigen Bereich treffen wir etwas dazu Komplementäres an: der Hungrige träumt vom Essen, der Durstige vom Trinken.

Der Vergleich mit dem Kontrollturm eines Flughafens bietet sich an. Hier kontrollieren Fluglotsen den Kurs der Flugzeuge. Sie registrieren nicht nur Kursabweichungen, sondern sie geben auch Kurskorrekturen an. Tatsächlich zeigt sich, dass auch Träume und seelisch bedingte Funktionsstörungen die Bedeutung von Kurskorrekturen haben. Sie regen dazu an, etwa vom Innenbild abweichende Zustände oder Verhaltensweisen auszugleichen. Sie lösen beispielsweise das sog. Suchverhalten aus und verstärken es mit dem Ziel, einer jeweiligen als Notlage bezeichneten Abdrift entgegenzuwirken. Daraus folgt, dass das zu einem Traum oder einer psychogenen Symptomatik gebildete Komplement das aktuelle Verhalten des Träumers und damit ihres Urhebers offenbart.

Wer vom Essen träumt und in seinen Phantasien und Gedanken die ihm begegnenden Dinge auf ihre Essbarkeit hin prüft, zeigt damit, dass er hungrig ist und zwar auch dann, wenn er selbst davon nichts bemerkt. Wer hungrig ist, sieht beispielsweise auch beim Spaziergang durch eine Ladenstraße andere Geschäfte als jemand, der satt oder der durstig ist. Wer vom Essen träumt, zeigt damit an, dass seine Mundwelt – wir sagen dazu auch seine Oralität – in Not ist. Wir erkennen in ihm einen durch Bescheidenheit ausgezeichneten Menschen, der sich allerdings mit seiner Bescheidenheit übernimmt. Sein Traum zeigt ihm, dass er mehr zupacken, mehr bitten, mehr annehmen sollte.

Zu den wichtigen Aufgaben des Psychopäden gehört es, das Komplement der Symptome und der Träume zu ermitteln, weil im Komplement zum Traumgeschehen die aktuelle Notlage des Betreuten unmittelbar erkennbar ist. Wie dies im Einzelnen im Rahmen einer psychopädischen Betreuung erfolgt, wird in der 3-Stufen-Technik der Traumbearbeitung erläutert (Buch *Individuelle Psychoanalyse als Gruppentherapie*). Hier sei nur so viel gesagt, dass davon auszugehen ist, dass sich die zentralen Notlagen eines jeden Betreuten ähneln. Aufgrund seiner Gehemmtheitsstruktur verfehlt er sein Innenbild in spezifischer Weise und lebt insoweit an seinem Leben vorbei.

Wo nun im Einzellfall die jeweils aktuelle Notlage eines Betreuten zu suchen ist, wird für den Fachkundigen dadurch erkennbar, dass er für sich im Stillen das Komplement der Träume und der Symptome bildet. Er wird allerdings in der Regel den Betreuten nicht direkt darauf ansprechen. Aber die Lösung dieser Aufgabe und die dadurch gewonnenen Einblicke ermöglichen dem Psychopäden, dass er sein Zuhören, sein Schweigen und sein Eingreifen nicht an seinen eigenen Zielvorstellungen orientiert, sondern dass es immer der Ratsuchende selbst ist, der durch seine Träume und durch seine körpersprachlichen Signale den Inhalt, den Verlauf und den Fortgang der Betreuung bestimmt. Ist ein Vorgehen in der beschriebenen Weise auf die Träume bezogen gesteuert, so bedeutet dies, dass die Direktiven für die individuelle psychopädische Begleitung nicht vom Betreuer, sondern stets vom Betreuten ausgehen.

29 Eine Möglichkeit zum Umgang mit eigenen Träumen

„Den Seinen gibt's der Herr im Schlaf", heißt es in der Bibel. Alles was wir tun – und damit auch unsere Träume – sind Ausdruck unseres Seelenlebens. So stehen Träume im Zusammenhang mit dem Erleben, mit Konflikten und Störungen der Bedürfnislage. Sie scheinen eine wichtige Funktion zur Verarbeitung von unbewältigten Erlebnissen des Tages, der Vergangenheit und der Zukunft zu haben. Das Besondere bei den Nachtträumen ist jedoch, dass ihre Botschaften für den Träumer verschlüsselt und somit dem Wachbewusstsein nicht direkt zugänglich sind. Vor allem beim seelisch belasteten Menschen können Träume als Signal für einen Lösungsweg verstanden werden. Auch wenn sich die Inhalte wiederholen oder ähneln, sollte man dies als ein besonderes Zeichen für eine Notlage sehen. Dann können die Träume besondere Hinweise auf Lösungswege geben.

Für das Verstehen sollte man dann einen Traumexperten hinzuziehen. Aus den genannten Gründen sollte man seine Träume nicht überall herumerzählen, auch wenn es oft verlockend ist, da die Inhalte so eigenartig und eindruckvoll erscheinen können. Träume sind etwas sehr Privates und sie erzählen viel über den Träumer. Daher lassen Sie sich nicht von jedem in Ihr tiefstes Inneres schauen! Darüber hinaus können auch gut gemeinte Deutungsversuche von Laien den Bezug des Träumenden zu seinem Traum verwirren oder ihn gerade die falschen Schlüsse ziehen lassen.

Unabhängig davon, ob die Trauminhalte eine Bedeutung haben, wird dem Träumen selbst eine heilsame Wirkung zugesprochen, auch wenn es sich nur um ein nervliches Abreagieren handeln sollte. Trauminhalte, die in Verbindung mit dem realen Erleben des Träumers stehen, werden allein schon durch das Träumen aufgearbeitet. Sie enthalten Selbstheilungskräfte.

Eine einfache und für jeden zugängliche Möglichkeit, die heilende und helfende Wirkung seines Traums zu verstärken, besteht nun darin, diesen aufzuschreiben und sich ein- oder mehrmals täglich einfach vorzulesen. Denn auch wenn man den Inhalt nicht entschlüsselt, gibt man damit seinem Unbewussten diese Botschaft zur Gesundung, ähnlich wie eine Affirmation oder Selbstsuggestion, in seiner eigenen Sprache zurück.

Etwas anders ist es mit den Tagträumen und Meditationen. Hier versucht man durch bewusst gesteuerte Phantasien, Bilder oder Affirmationen sein Leben bzw. seine gesundheitliche Situation günstig zu beeinflussen. Positiv für einen Kranken kann beispielsweise eine gezielte Vorstellung davon sein, wie er in früheren Zeiten eine Krankheit oder eine schwierige Situation erfolgreich überwunden hat. Bei diesen bewusst eingesetzten Methoden ist der Anwender der Führende und nicht sein Unbewusstes. Tagträume machen wir selbst und bereiten damit auch unser Handeln vor. Visualisierungen, also bildhafte Vorstellungen von Dingen oder Abläufen, holen etwas zukünftig Wünschenswertes wie eine Zukunftsvision in das Jetzt und Hier. Sie machen dadurch die Bewältigung der Zukunft leichter. Eine Technik, die besonders gezielt von Leistungssportlern genutzt wird.

Eine gute Tagtraumtechnik für die seelische Gesundheit, die jeder für sich allein im Alltag anwenden kann, ist das TrophoTraining. Auch dieses hilft uns, unsere Ziele längerfristig in den Griff zu bekommen.

30 Die Polarität männlich – weiblich: zum Unterschied der Geschlechter

Die Frage nach dem Unterschied der Geschlechter, nach männlicher und weiblicher Logik, nach dem großen Unterschied und seinen Folgen, ist für das Zusammenleben von Menschen von großer Wichtigkeit und enthält reichlich Zündstoff für Konflikte und Missverständnisse. Da es sowohl für die eigene Entwicklung wie auch für die Beziehungen mit anderen und für ein harmonisches Miteinander hilfreich ist, befassen wir uns vorrangig mit diesem Thema.

Körper und Geist des Menschen stehen sich polar gegenüber, und die Seele erlebt und handelt unterschiedlich, je nachdem, ob sie mehr von der leiblichen oder mehr von der geistigen Seinsweise in ihrem Erleben und Handeln bestimmt wird bzw. ob sie mehr Leibliches oder mehr Geistiges in ihr Erleben und Handeln einschleust.

Zur Verdeutlichung ein Beispiel: Ein Film soll gedreht werden. Das Drehbuch repräsentiert den Geist, während die Ausstattung, die Kulisse, die Apparaturen den Leib repräsentieren. Die beteiligten Personen einschließlich Regisseur bilden die Seele, die beides, Drehbuch und Ausstattung ineinander flicht zu der schließlich gefilmten Szene. Offensichtlich kann diese einmal stärker durch die Ausstattung, ein andermal stärker durch das Drehbuch geprägt sein.

Zu den fundamentalen Komplementaritäten bzw. Polaritäten gehören auch die in zwei Geschlechter geschiedenen Erscheinungsformen des Menschen: Der Mensch ist entweder Frau oder Mann.

Wird nach den Eigentümlichkeiten gefragt, die den Begriffen „weiblich" und „männlich" zuzuordnen sind, so werden in der Regel Verhaltensmerkmale von Frauen und Männern genannt. Da sich aber gezeigt hat, dass diese Merkmale nicht selten das Ergebnis von Erziehung sind, ist dieser Weg nicht brauchbar gewesen; denn es kam sozusagen nur das heraus, was man vorher selbst hineingesteckt hatte. Andererseits wurde erkannt, dass Frauen und Männer beide sowohl für weiblich als auch für männlich gehaltene Eigenschaften in sich vereinen, dass beide sowohl männliche als auch weibliche Hormone produzieren und dass der Geschlechtsunterschied als Ergebnis eines Mischungsverhältnisses einzuschätzen ist, das nicht durch die Qualität, sondern durch die Quantität seiner Bestandteile bestimmt wird.

Auf die Frage, ob es beim Menschen in seiner leiblichen Seinsweise nicht vielleicht doch eine Phase gibt, in der sich Weibliches und Männliches klar voneinander abgehoben gegenüberstehen, konnte schließlich eine bejahende Antwort gefunden werden: Der geschlechtsreife weibliche Organismus stellt jeweils in einem als oogame Phase bezeichneten Zeitraum von vier Wochen eine einzige befruchtungsfähige Eizelle bereit. Die Zahl der vom männlichen Organismus im gleichen Zeitraum bereitgestellten Spermazellen beträgt ca. 250 Millionen. Es handelt sich bei diesen Ei- und Spermazellen um Gameten, das sind Zellen, die nur je die Hälfte des erforderlichen Erbgutes, d.h. nur den halben Chromosomensatz tragen.

Erst durch die Vereinigung einer Ei- und einer Spermazelle zu einer Zygote entsteht ein neuer Mensch, der sein Leben damit als unverwechselbarer Einzeller mit vollständigem Chromosomensatz beginnt.

Wird nun in dieser Phase die eine Eizelle der Spermazellwolke gegenübergestellt, dann lässt sich mit Hilfe eines einfachen Mikroskops eine Reihe von *körperlich* dargestellten Merkmalen ablesen. Diese Merkmale sind offensichtlich als Inhalte für die Begriffe weiblich und männlich im somatischen Bereich verbindlich. Und zwar sehen wir auf *männlicher* Seite die Eigenschaften beweglich und bewegend, spitzig, Schub, Zentrifugalität, Zerstreuung, Zudringlichkeit, Fülle und Vielzahl. Dem gegenüber stehen auf *weiblicher* Seite die Eigenschaften ruhend, unbeweglich, rundlich, Sog, Zentripetalität, Sammlung, Attraktivität, Leere und Einzahl.

Daraus ergibt sich für die *leiblich* bedingte Verfassung der Seele des Menschen, dass als *männlich* zu verstehen ist, was Wind macht, was eindringlich, zudringlich, ausschweifend und flüchtig ist, was heute hier und morgen dort sein Wesen treibt und dabei unverbindlich bleibt wie Blütenstaub (Merkmal körperlich: Schub). Als *weiblich* anzusehen ist im Hinblick auf die *leiblich* bedingte Verfassung der Seele des Menschen, was attraktiv, bodenständig, unbeweglich, ruhend, mütterlich, einzigartig, verantwortlich, ernsthaft, verbindlich und gelassen ist (Merkmal körperlich: Sog).

Zum besseren Verständnis sei hier gesagt, dass wir damit die leiblich bedingte Verfassung der Seele beschreiben, also die von den materiellen Voraussetzungen und Gegebenheiten bestimmte Betrachtungsweise. Damit fassen wir ganz im Sinne unserer Definitionen (siehe Kapitel *Körper-Seele-Geist*) das erlebbare Denken und Handeln von den materiellen Gegebenheiten her zusammen.

Bilden wir nun zu diesen leiblich bedingten Aspekten die ihnen entsprechenden Komplemente, gelangen wir zu Aussagen über die *geistig* bedingte Verfassung der

Seele des Menschen (vergleichbar der Idee und dem Drehbuch eines Films). Dieses Vorgehen ist möglich, weil sich körperliche Aspekte stets komplementär zu ihren geistigen Pendants zeigen, wie wir im Kapitel *Komplementarität* näher erläutern.

Für die komplementäre Gegenüberstellung jeweils von weiblich und männlich ergibt sich dann, dass der weibliche Aspekt einer *geistig* bedingten Verfassung der Seele den Menschen auszeichnet durch Fröhlichkeit, Unverbindlichkeit, Gemütlichkeit, Wärme, Umsichtigkeit, Zerstreuung, Leichtsinn, Lockerheit und Emotionalität (Merkmal geistig: Schub). Der *männliche* Aspekt einer *geistig* bedingten Verfassung der Seele des Menschen ist demnach charakterisiert durch Konzentration, Logik, Kühle, Sachlichkeit, Schwere, Ernst, Meditation, Innovation, Verhärtung, Verkrampfung und Verbohrtheit (Merkmal geistig: Sog).

Zusammengefasst kommen wir zu dem Ergebnis, dass das Weibliche sich seitens des Körpers als Sog und komplementär seitens des Geistes als Schub zu erkennen gibt. Auch dazu komplementär ist das Männliche seitens des Körpers als Schub, seitens des Geistes als Sog erkennbar. Mit diesen Gegenüberstellungen ist deutlich geworden, dass eine gute Balance dieser beliebig zu vermehrenden Eigenschaften wünschenswert ist. Das Abendland hat die Akzente in den vergangenen 2000 Jahren so gesetzt, dass sich die Frauen eher als vom Leib regierte und die Männer eher als vom Geist regierte Seelen verstehen und entwickeln sollten.

Wenngleich sich diese Vorstellungen seit einiger Zeit zu ändern scheinen, ist es wichtig, sich die alten und mehr oder minder schon überholten Idealbilder klarzumachen: Für das „Idealbild" des Mannes wurde davon ausgegangen, dass der Mann von „oben" her komme und den Versuchungen des Fleisches widerstehen müsse. Zielstrebigkeit, schöpferisches Schaffen und kühle Folgerichtigkeit seien sein eigentliches Wesen. Die Frau hingegen sei repräsentativ für das Fleisch. Gemeint war damit die materielle Welt, zu der auch der Körper des Menschen gehört. Die Frau habe demnach bodenständig, treu, mütterlich und verbindlich zu sein und dem Mann Geborgenheit und Ruhe zu bieten.

Die für beide Geschlechter in Betracht kommenden negativen Gegenbilder wurden entweder als Ausnahmen gewertet oder geächtet. Dazu gehören auf männlicher Seite der Lebemann, der Künstler, der Tänzer, der Vagabund, der Schauspieler und andere mehr. Auf der weiblichen Seite gehören dazu die weise Frau, die Pallas Athene, die Hetäre, die Zauberin, die Hexe und andere mehr.

Für das Aufspüren von Balancestörungen in jeder denkbaren Hinsicht, für das Entschlüsseln von Träumen und psychogenen Symptomen sowie für das Verständnis der verschiedenen emanzipatorischen Impulse innerhalb der Gesellschaft ist es ebenso wichtig wie hilfreich, sich die Polaritäten von Körper und Geist und von „männlich" und „weiblich" in aller Deutlichkeit vor Augen zu halten.

Eine Frage zum Thema: Kennen Sie den Unterschied zwischen männlichem und weiblichem Augengebrauch? Nach der geschilderten geistig bedingten Auslösung des Augengebrauchs blickt männlich sehr präzise und punktuell, d.h. fixiert ein Detail, aber nicht immer das Ganze. Weiblich hingegen schaut, d.h., es sieht mehr auf die Konturen, sucht mehr den Überblick über das Ganze und belässt die punktuellen Details im unscharfen Sehbereich. Wie benutzen Sie Ihre Augen, männlich oder weiblich? Im besten Fall sicher mal so mal so, je nachdem, worauf es Ihnen gerade ankommt.

31 Gesunder und gestörter Umgang mit Aggression oder die Geschichte vom Gummibommelchen

„Wenn du im Recht bist, kannst du dir leisten, die Ruhe zu bewahren, und wenn du im Unrecht bist, kannst du dir nicht leisten, sie zu verlieren." – Mahatma Ghandi

Gerade das Thema Aggression und Gewalt hat viele Facetten, die im Umgang damit zu Missverständnissen und Fehlschlüssen führen.

Dies ist die Geschichte vom Gummibommelchen. Was ist ein Gummibommelchen? Ein Gummibommelchen ist ein modischer Schmuck, der manchmal von jungen Mädchen als Kette um den Hals getragen wird. Es handelt sich um eine kleine Gummikugel, die an einer geflochtenen Gummischnur hängt. Man könnte daran ziehen. Und wenn man sie losließe, dann würde sie wieder in ihre ursprüngliche Lage zurückschnellen.

Ich kannte mal ein Mädchen, das ein solches Gummibommelchen trug. Darum kenne ich auch diese ausgefallene Geschichte und diese ausgefallene Bezeichnung. Mir machte es damals Spaß, wenn wir zusammensaßen, mit den Gummibommelchen zu spielen. Es war so etwas wie ein kleiner Flirt. Das Mädchen freute sich offensichtlich darüber und fand es lustig. Mir wurde damals plötzlich klar, dass dieses zärtliche Spiel Nähe voraussetzte. Wäre ich vor einer solchen Nähe zurückgeschreckt und auf Distanz gegangen, dann wäre daraus etwas Bedrohliches geworden. Wie ist das zu verstehen?

Hätte jemand aufgrund von persönlicher Gehemmtheit auch nur einen Meter Abstand von dem Mädchen genommen und folglich das Gummiband beim Spiel damit entsprechend lang gezogen, dann brächte jedes Loslassen des Bommelchens Gefahren einer Verletzung und Schmerzen mit sich.

Es geht bei diesem Bild um ein Gleichnis der Aggressivität, d.h. der Angriffslust. Der Flirt – Kopf an Kopf – ist als intensive Annäherung ein Ausdruck von Aggressivität, wenn man Aggressivität als Lust zur Annäherung und zur Bewegung versteht. Erst die Stauung und die Distanzierung bewirken, dass die Aggressivität den Charakter feindseliger Angriffslust erhält. Aggressivität ist das Feuer des Lebens. Es kommt darauf an, es nicht auszulöschen, es andererseits aber auch nicht ausufern zu lassen. Die Seele muss sich als geeigneter und angemessener Ofen erweisen, der imstande ist, dieses Feuer zu bergen, zu erhalten und zu bändigen.

Aggressivität will eingebunden sein, will Wünsche verwandeln in Bitten, will Überfluss verwandeln in Gaben, will öffnen und schließen, will Nähe und Abgrenzung, will Individualität und Gemeinsamkeit. Aggressivität kann sich nur dann konstruktiv umsetzen, wenn man erkannt hat, dass wir alle in einem Boot sitzen; dass es kein draußen, kein außerhalb gibt; dass man niemanden und nichts ausschließen kann; dass es wichtig ist, seine Feinde zu lieben und auch in ihnen Gott, den Schöpfer des Himmels und der Erde, zu entdecken.

Gesunde und ausgereifte Aggressivität zeigt sich in Herzlichkeit, Herzhaftigkeit, Beherztheit, Warmherzigkeit und in der Kraft, anderen nahe zu sein. Gefühle zu zeigen und verträumt mit dem Gummibommelchen Kopf an Kopf, Wange an Wange zu spielen gehören auch dazu. Aggressivität kann aber auch zu Rivalität entarten, was sehr schade ist. Die Ursache hierfür findet sich häufig darin, dass der Horizont, der Rahmen zu eng gezogen wird, dass irrtümlicherweise angenommen wird, man könne etwas von sich selbst allein aus der Welt schaffen oder gar andere unliebsame Personen ausbooten. Zu gesundem Umgang mit Aggressivität gehört, dass Sie vor allem sich selbst immer liebend annehmen, auch wenn Sie gerade nicht artig, nicht bequem, nicht ohne Fehler sind. Hinzu kommt, dass Sie all dieses umso eher ändern können, je mehr Sie sich lieb behalten.

Ärger beinhaltet Energie. Wie wir damit umgehen können, damit uns diese Kraft nicht schädigt sondern nützt, wird im folgenden Kapitel gezeigt.

32 Ärger – eine seelische Energie

Es gibt viele Formen von Energie in unserer Welt. Die entscheidende Energie ist die Liebe. Andere Energieformen, die uns aktiv, die uns tätig werden lassen, sind Ärger und Wut. Der Ärger ist ein Salz des Lebens. Hätten wir keinen, dann würden wir alles so lassen, wie es ist. Dann würde letztlich alles verkommen.

Wenn wir es nun mit einem Ärgernis zu tun haben, sei es, dass wir es selbst verursacht haben durch einen Fehler, sei es, dass andere uns schlecht behandelt haben oder uns etwas nicht gelingt, dann haben wir verschiedene Möglichkeiten, mit diesem Ärger umzugehen.

Lassen Sie uns verschiedene Arten, wie man mit Ärger umgehen kann, beispielhaft am Benzin als einer Energie ansehen: Nehmen wir an, Sie bekommen einen Kanister mit 20 Litern Benzin geschenkt. Dann können Sie damit ganz unterschiedlich umgehen. Sie können diese Energie aufbrauchen, indem Sie beispielsweise das Benzin über Ihr Auto gießen und es anzünden (Autodestruktion). Dies ist wohl die schlechteste aber im übertragenen Sinne nicht selten angewandte Möglichkeit, den Ärger gegen sich selbst zu richten und sich beispielsweise zu beschimpfen oder niederzumachen, wie dies auch im Kapitel *Die Hirsche* beschrieben ist. Sie können das Benzin aber auch über das Auto eines anderen gießen und dieses dann anzünden. Es wäre zumindest für Ihre eigene Gesundheit zuträglicher, wenn auch nicht günstig, weil es Sie vermutlich sekundär dennoch schädigt.

Sie können auch das Benzin nehmen und es verdunsten lassen, dann wäre die Energie zwar nicht direkt schädigend, jedoch für Sie nutzlos verbraucht. Was wäre also optimal? Sicher werden Sie sagen, am besten, und das ist doch ganz logisch, ist es, das Benzin in seinen eigenen Tank zu schütten, um mit dem Auto notwendige Besorgungen und Erledigungen auszuführen. Soweit zum Benzin. Wie sieht es nun beim Menschen aus? Der Mensch kann Ärger und Wut gegen sich richten, er kann den Ärger und die Wut auch gegen andere richten, wobei er sekundär mit einer ihn schädigenden Reaktion zu rechnen hat oder er kann die Energie verrauchen lassen.

Die erstrebenswerte, sinnvolle Lösung ist, diese Energie zu nutzen, um etwas für sich zu erreichen. Da es sich bei Ärger und Wut um eine relativ große Energiemenge handelt, reicht es dann nicht, sich etwas Gutes, etwas Schönes zu tun. Da man dies nämlich gerne tut, wird dadurch nur wenig Energie verbraucht. Das wäre etwa so, als wenn Sie mit den 20 Litern Benzin ein Feuerzeug auffüllen würden, dann behalten Sie sehr viel Benzin übrig.

Eine Lösung, mit der viel Energie verbraucht wird, ist folgende: Nutzen Sie die Energie, um Zugewinn für sich zu bekommen, indem Sie etwas für sich tun, was Sie auf jeden Fall tun müssen, was Sie aber wirklich nur sehr ungern tun.

Eine Ratsuchende hat mir ihr Vorgehen beschrieben. Sie nahm immer dann, wenn sie sehr ärgerlich oder wütend war, vor allem wenn ihr Partner sie geärgert hatte, ihr Bügeleisen in die Hand und bügelte die Wäsche. Es gehörte zu ihren Obliegenheiten, die häusliche Wäsche zu bügeln, aber sie hasste es. Nun, mit diesem Ärger im Bauch, ging das Bügeln flott von der Hand, und als die Energie schließlich verbraucht war, war auch die ganze Wäsche gebügelt.

Zufrieden dankte sie daraufhin innerlich ihrem Partner für den von ihm angefachten Ärger. Denn dadurch hatte er es ihr ermöglicht, das lästige Bügeln fast mühelos hinter sich zu bringen.

Ein weiteres Beispiel: *Ein Schulter-Arm-Syndrom*
Eine Frau kam zu einer Sitzung ihrer seit einiger Zeit bestehenden Selbsterfahrungsgruppe unter meiner Leitung. Sie teilte gleich am Anfang mit, dass sie wahrscheinlich bald wieder gehen müsse, da sie kaum sitzen könne. Sie habe vor zwei Tagen einen schweren Verkehrsunfall gehabt und ihre rechte Schulter würde so stark schmerzen, dass sie ihren rechten Arm kaum bewegen könne. Auf die anteilnehmende Frage der anderen Gruppenmitglieder, wie denn das passiert sei, schilderte sie den Unfallhergang: Sie sei mit ihrem Auto auf einer Landstraße gefahren, als plötzlich aus dem Gegenverkehr heraus eine andere Frau ein Fahrzeug überholte und dabei frontal mit ihr zusammenstieß. Die andere sei schwer verletzt worden. Dank des Airbags habe sie im Verhältnis zu der anderen Frau nur leichtere Verletzungen erlitten. Sie beabsichtige deswegen, die schwer verletzte Unfall-Verursacherin im Krankenhaus zu besuchen und ihr Blumen zu bringen. Auch habe sie ein schlechtes Gewissen wegen der schweren Verletzung der anderen.

Die Gruppenmitglieder sagten ihr daraufhin, dass sie dies zwar gut verstehen könnten, aber ein solches Vorgehen nicht für richtig hielten. Schließlich hätte die andere ja versucht, sie „aus dem Weg zu räumen", ihr Leben zu gefährden. Kaum war dies gesagt, bemerkte sie, dass sie eigentlich eine große Wut auf die andere Autofahrerin habe, die sie in eine solche Gefahr gebracht hatte. Dennoch fiel es ihr nicht leicht, diese Wut zuzulassen wegen der schwereren Verletzungen der anderen. Als sie in der

Gruppe nun jedoch diese Gefühle äußern und erleben konnte und mit Unterstützung der Gruppenmitglieder auf diese andere Frau heftig schimpfte, ging es ihr sofort deutlich besser. Der Gedanke an den freundlichen Besuch bei der anderen war verflogen und hatte Platz gemacht für das Gefühl, die andere, statt ihr Blumen zu bringen, lieber zu beschimpfen, wenn nicht sogar zu verprügeln.

Jetzt sprach die Gruppe über mögliche Nutzungen von Energie und was sie Nützliches für sich mit ihrer Wut tun könnte. Die Gruppe verhalf ihr zu der Idee, dass die schwerste Arbeit, dass das, was ihr am mühevollsten schien, nämlich der anderen zu vergeben und zu verzeihen, eine gute Nutzung dieser Energie wäre. Schließlich gelang es ihr, sich zu überwinden und die wichtige, aber ungeliebte Vergebungsarbeit zu leisten. Als ich sie beiläufig fragte, was denn nun ihr rechter Arm und ihre Schulter machten, war sie selbst überrascht, dass sie schon im Verlauf der Gruppensitzung keine Beschwerden mehr verspürt habe. Auch ihr behandelnder Arzt war überrascht, dass die Beschwerden so plötzlich und dauerhaft verschwunden waren. Denn er hatte ihr gesagt, dass normalerweise solche Schulterbeschwerden in Zusammenhang mit Unfällen oft über mehrere Monate andauern.

3 Noch einmal: warum ich?
Die Geschichte vom Kaffeehaus

„Alle deine Vorgaben liegen in dir selbst"

Die Geschichte vom Kaffeehaus beschreibt, warum es so sinnvoll ist und sich lohnt, mit den Veränderungen bei sich selbst anzufangen. Zuvor eine wichtige Frage: Wer kennt Sie, liebe Leserin, lieber Leser am besten von allen Menschen auf der Welt? Ist es Ihr Partner, die Eltern, die Kinder, der Arzt oder sind es nicht vielmehr Sie selbst?

Die Antwort ist leicht zu geben. Ganz sicher sind Sie es, wenn man Ihr unbewusstes Wissen über sich mit einschließt. Nur in Ihnen befinden sich alle Ihre Gedanken, nur in Ihnen steckt das Wissen, was Sie wirklich möchten, was Ihnen gefällt und was Ihnen gut tut. Manchmal verstehen Sie jedoch nur den Teil Ihrer Signale an sich, der in einer Ihnen zugänglichen Sprache abgefasst ist. Und Sie sind davon überzeugt, dass dies die ganze Wahrheit ist und nehmen es als Grundlage für Ihr Handeln. In diesem Sinne stecken in Ihnen natürlich auch alle für Sie sinnvollen Möglichkeiten zu Veränderungen, die Sie beispielsweise mit psychopädischer Hilfe entdecken können.

Ausgestattet mit diesem Wissen begleiten Sie uns nun bitte in ein Kaffeehaus. Für die folgenden Situationen haben wir eine Frau gewählt, es hätte aber genauso gut ein Mann sein können. Und wir haben das Geschehen etwas verkürzt und extremer wiedergegeben, als es der tatsächlichen Wirklichkeit entspricht, damit der Prozess deutlicher wird.

An einem Tisch hat sich eine Frau allein hingesetzt. Wir haben zuvor über sie erfahren, dass sie sich selbst, nach eigener fachmännischer Begutachtung, nicht für besonders liebenswert hält. Wir wissen, dass sie aus diesem Grund ein inneres Liebesdefizit hat, also auf Liebe und Zuwendung aus ist, die sie von anderen gern entgegengebracht bekommen würde. Ein gut aussehender Mann betritt das Lokal, entscheidet sich für ihren Tisch und bittet sie, Platz nehmen zu dürfen. Geschmeichelt gestattet sie dies gern. Nach einer Weile im Gespräch miteinander gesteht er ihr, dass er sie mag und für liebenswert hält.

Was geht daraufhin in ihr vor? Was denkt sie jetzt von ihm? Wie wird sie reagieren? Vermutlich wird sie zunächst erfreut sein über die ihr damit gemachte Liebeszuwendung. Aber schon gleich taucht in ihr ein Gedanke auf, der sinngemäß sagt: „Ich weiß aber sicher und fachmännisch fundiert, dass ich nicht so liebenswert bin. Also kann er dies nur sagen, wenn er sich damit bei mir einschmeicheln will, um etwas, vermutlich mein Bestes von mir zu bekommen. Ernst kann er dies ja nicht meinen. Oder aber, er ist dumm und erkennt meine Wirklichkeit nicht richtig. In beiden Fällen ist er jedoch kein geeigneter Freund oder Partner für mich." Ihr weiteres Verhalten wird sich an diesen Gedanken ausrichten und die ursprüngliche Freude wird Misstrauen und Verkrampfung weichen.

Gehen wir nun in ein anderes Kaffeehaus. Auch dort sitzt eine Frau allein an einem Tisch. Von ihr haben wir erfahren, dass sie sich selbst als liebenswert einschätzt und ein liebevolles Verhältnis zu sich hat. Wiederum kommt ein attraktiver Mann zu ihr an den Tisch usw. Auch er eröffnet ihr nach einer Weile, dass er sie sehr gern habe.

Diese Frau wird vermutlich ebenso darüber erfreut sein wie die zuvor geschilderte Frau. Und auch in ihr werden Gedanken auftauchen. Bei ihr lauten diese aber anders, nämlich: „Ich weiß als Fachfrau für mich selbst, als meine beste Kennerin, dass ich liebenswert bin." Und über den Mann wird sie denken: „Das ist nicht nur ein kluger Mann, der meine Wirklichkeit treffsicher erkennt, sondern er hat auch noch den Mut, mir dies so nett zu sagen." Ihr weiteres Verhalten wird geprägt sein von dieser Einstellung und sie wird diesem Mann gewogen sein, ihm vielleicht sogar etwas schenken und aktiv zu einer Fortsetzung des Kontaktes beitragen.

Mit diesen zwei unterschiedlichen Begegnungen soll verdeutlicht werden: Es liegt an uns selbst, ob wir eine liebevolle Zuwendung von anderen überhaupt als solche erkennen und annehmen können! Nur wenn wir, als die Oberfachleute für uns selbst, mit unserer Überzeugung die geeignete Voraussetzung geschaffen haben, sozusagen den Boden dafür bereitet haben, erreicht uns die Zuwendung der anderen und kann gute Frucht tragen!

Beginnen wir also gleich damit, uns an uns mit unseren Stärken und Schwächen, mit unseren Unvollkommenheiten und Ängsten heranzulieben, damit wir uns selbst tatsächlich für liebenswert halten und dadurch die Liebe der anderen und die Liebe Gottes als solche erkennen und annehmen können.

Noch klarer werden diese Verknüpfungen, wenn wir uns noch ausmalen, was der Mann im Fall der sich als wenig liebenswert gehaltenen Frau hätte sagen müssen, damit er von ihr als klug bzw. verständig hätte anerkannt werden können. Die Antwort liegt auf der Hand. Er hätte ihr nämlich sagen müssen, dass sie es gar nicht wert ist, dass er sich mit ihr abgibt oder mit ihr spricht; er hätte sie als wenig liebenswert bezeichnen müssen. Das aber hätte sie sich nicht gefallen lassen können, da sie ja aufgrund Ihres Mangels an Liebe auf Zuwendung aus ist. Die Fortsetzung dürfte klar sein

Dies gilt in gleicher Weise für geachtet werden, für ernst genommen werden, für gelobt werden und alles andere, das wir auf uns bezogen von anderen annehmen möchten. Möglicherweise überraschend für Sie hat sich Ihnen dies schon gezeigt: Wenn Sie bei sich Änderungen an Ihrer Haltung sich selbst gegenüber vorgenommen haben, dass sie plötzlich bemerken, wie viele andere Menschen ihnen Liebe und Achtung entgegenbringen und auch schon vorher gebracht haben. Aber erkennen und annehmen konnten Sie dies eben erst dann, als Sie damit begonnen hatten, sich selbst für liebenswert zu halten bzw. zu achten, was bis dahin nicht ausreichend der Fall gewesen ist.

34 Pneopädie – Arbeit mit Atem, Haltung und Stimme

Der Atem ist das Geschenk, das unser Leben enthält.

Mit Pneopädie bezeichnen wir die Arbeit an der Atmung, an Haltung, Stimme und Körperbewegung, kurz: die Arbeit mit dem Leibe. Dadurch wird auch die Arbeit an der Körpersprache mit in die Psychopädie einbezogen.

Der Mensch hat nicht nur seinen Leib: Er ist mit ihm weitgehend identisch! Und die Art wie ein Mensch atmet, spiegelt seine Seele wider. Alle Gemütsbewegungen wie Freude und Schmerz, Angst und Trauer teilen sich der Atmung mit und finden darin ihren Ausdruck. Zugleich repräsentiert die Atmung am deutlichsten den Stoffwechsel, der im körperlichen Bereich der Ausdruck unseres Lebens ist.

Solange der Mensch lebt, atmet er. Aber in der Regel bemerkt er es nicht. Er bemerkt allerdings auch von vielen anderen seiner Organfunktionen nichts. Seine eigenen Organe sind ihm weitgehend unbekannt. Erst wenn es Schwierigkeiten beim Atmen gibt, wenn er etwas Atemberaubendes erlebt, wenn ihm etwas den Atem und die Stimme verschlägt, wenn ihm die Luft wegbleibt, kann das Atmen für ihn zum Problem werden.

Die Atmung nimmt unter den Körperfunktionen eine Sonderstellung ein, weil sie genau auf der Schwelle zwischen willkürlichem Tun und unbewusstem Geschehen angesiedelt ist. Wir können die Luft anhalten, können willkürlich aus- und einatmen, können beim Spielen eines Blasinstrumentes die Atmung mit den sich dabei ergebenden Erfordernissen koordinieren. Das gilt auch für Gesang und Sprache. Die Atmung geschieht uns aber auch, wenn wir sie nicht beachten, beispielsweise wenn wir schlafen, ja sogar wenn wir bewusstlos oder narkotisiert sind. Sie wird uns geschenkt. Das Besondere an der Atmung ist demnach, dass wir sie nicht nur in gewissen Grenzen willkürlich steuern dürfen, sondern dass wir sie in aller Stille beobachten können, während sie uns ohne unser Zutun geschieht. Schon in den alten Kulturen des mittleren und des fernen Ostens haben sich Menschen mit der Atmung beschäftigt und herausgefunden, dass sich viele Nöte mittels Pneopädie überwinden lassen.

Wir kennen zwei Wege, um die Atmung als elementaren lebensspendenden und lebenserhaltenden Vorgang auch für Ratsuchende nützlich zu machen. Ein Weg dahin besteht ganz schlicht in der Achtsamkeit auf den Atem, wie es auch im TrophoTraining genutzt wird.

Ein anderes Vorgehen besteht darin, dass bestimmte Körpervorgänge mit der Atmung koordiniert werden. Dabei handelt es sich um ein großes Arbeitsgebiet. Die geeigneten Techniken werden in den verschiedenen Atemschulen unterrichtet. Besonders auf diesem Gebiet kommt es in der psychopädischen Ausbildung auf die Selbsterfahrung an. Sie verhilft dem Psychopäden dazu, in allem, was der Betreute hervorbringt, Signale von dessen Lebendigkeit zu erkennen, einer Lebendigkeit, die nur zu oft unterdrückt worden ist.

Entscheidend ist nicht, welche Übung wir durchführen, sondern dass es gelingt, mit Hilfe des Atems Verspannungen loszulassen und sich dem Rhythmus unserer oft zugeschütteten Lebendigkeit wieder zu öffnen und sich durchströmen zu lassen von der Kraft des uns innewohnenden gesunden Lebens.

Wie so etwas in der Praxis aussieht, wie entspannend schon eine einzige Übung wirken kann, zeigt eine Fallbeschreibung, die wir Regina Derbolowsky verdanken: „Mit dem Patienten, über den ich jetzt berichte, konnte ich nur einmal arbeiten, doch er hat davon, wie ich erfahren habe, einen bleibenden Gewinn gehabt. Der Fall zeigt zudem, dass man sich durch die Kürze mancher Betreuungsmöglichkeiten nicht entmutigen lassen darf, wenn gelegentlich beispielsweise nur ein einziger Termin zur Verfügung steht.

Es handelt sich um einen von weit her angereisten 40jährigen verheirateten Vater von drei Kindern. Er leidet unter starken Rückenbeschwerden im Lendenbereich und hat immer wieder Anfälle von Hexenschuss, bei denen er sich dann kaum noch rühren kann. Schon an seiner Haltung und seinem Gang ist seine Not deutlich erkennbar. Er geht, als ob er einen Besenstiel verschluckt hat, und führt alle Dreh- und Beugebewegungen des Kopfes und des Rumpfes nur sehr vermindert und im Zeitlupentempo aus. Auch nach einer chirotherapeutischen Behandlung gibt er diese Schonhaltung nicht auf, obwohl es dabei objektiv gelungen ist, funktionelle Blockierungen von Bewegungssegmenten zu beheben. Er hat offensichtlich die Tendenz, sich weit aus dem Becken nach oben herauszuziehen und sich dabei möglichst steif zu machen, um so einem möglichen Schmerz vorzubeugen, der wieder in seine Lendenwirbelsäule einschießen könnte.

Ich bitte ihn, sich einmal so behutsam auf einen Stuhl zu setzen, dass beim Niedersetzen kein Geräusch entsteht. Er soll versuchen, mit dem Rücken und dem Gesäß während der Bewegung zum Stuhl hinzufühlen. Der ganze Bewegungsablauf geschieht in der Abspannung. Er soll dabei auf »pf« ausatmen. Zögernd willigt er ein, stützt sich aber dabei mit den Händen auf den Knien ab. Es geht besser, als er vermutet hat. Nun bitte ich ihn, sich gut auf dem Stuhl einzurichten. Das Gesäß nimmt die ganze Sitzfläche in Anspruch, der Rücken wird von der Lehne gestützt. Die Füße stehen flächig auf dem Boden und tragen das Gewicht der Beine. Er sitzt immer noch mit verkrampfter Bauchdecke und hoch gezogenen Schultern auf dem Stuhl. Mit Hilfe von seufzenden Ausatmungen gelingt es ihm, den Brustkorb zu entspannen. Ich bitte ihn, die Bauchdecke auch etwas zu lösen und die Eingeweide einfach plumpsen zu lassen. In diesem Moment überwältigt ihn ein Aufseufzen. Er lehnt sich entspannt in den Stuhl zurück. So bequem habe er lange nicht gesessen, meint er, und seinen Bauch erlebe er überhaupt zum ersten Mal.

Jetzt üben wir das Aufstehen, auch mit der Ausatmung auf »pf«. Im Stehen lässt er die nach der Ausatmung natürliche Pause ungestört geschehen und wartet gelassen die neue Einatmung ab. Das Hinsetzen ebenso wie das Aufstehen geschehen immer in der Ausatmung auf »pf«. Nach einigen Übungen entwickelt sich im Rücken eine wohlige Geschmeidigkeit. Er bemerkt außerdem in der alten Schmerzregion ein ihm angenehmes Wärmegefühl.

Zum Schluss machen wir noch eine Schwingeübung, um das ganze Atemgeschehen auch im Beckengürtel noch mehr anzuregen. Ich bitte ihn, in die Ausatmung hineinzusummen. Die Atmung hat sich in erstaunlicher Weise geordnet. Beim Abschied meint er strahlend, seit Monaten habe er jetzt zum ersten Mal keine Schmerzen mehr. Dann reist er ab. Nach einigen Wochen wird uns ein großer schöner Blumenstrauß ins Haus gebracht. Er ist von ihm. Dazu schreibt er, dass jene einzige »Atem-Sitzung« seine Beschwerden restlos behoben habe."

35 TrophoTraining

„Der Ausgleich zwischen Innen und Außen ist seit jeher eine Aufgabe des Menschen, die für sein Überleben notwendig ist. Ähnlich der Balance zwischen Geben und Nehmen ist die Balance zwischen Innen- und Außenreizen wichtig."

Die Flut von Außenreizen, die auf uns Menschen eindringen, macht es unabdingbar, Filter und Abschaltmechanismen zu entwickeln und zur Verfügung zu haben, die die eigene Individualität, das eigene Innere diesem gleichberechtigt gegenüberstellt. Wir haben deshalb eine zeitgemäße Selbsthilfemethode entwickelt, die sich als sehr wirksam erwiesen hat, das TrophoTraining. Der Name wurde gewählt, weil trophotrop in der Physiologie den Körperzustand bezeichnet, in dem der Mensch sich von Innen heraus regeneriert, beispielsweise wenn er schläft.

Mit Hilfe des TrophoTrainings, man könnte es auch als Power-Pause bezeichnen, erzielen wir eine blitzschnelle Regeneration, die ein erfrischendes Gefühl von Vitalität und Kreativität schafft. Die Energiegewinnung von Innen heraus führt über ein sicheres Gefühl von Ruhe und konzentrierter Gelassenheit zu einer positiven Ausstrahlung im Berufs- und Privatleben. Durch die Kürze der Übungseinheiten, ca. 60-90 Sekunden, und die Unabhängigkeit von den äußeren Gegebenheiten ist es eine wundervolle Methode, um sich auf einfache Weise körperlich-seelisch-geistig fit zu halten, den wünschenswerten Abstand zu allem und jedem zu finden und in stürmischen Zeiten die besonders wichtige Gelassenheit zu bewahren. TrophoTraining vereint Visualisierungen, Tagtraumtechnik, Selbstversenkung, Autogenes Training und für europäische Verhältnisse gekürzte mittel- und fernöstliche Meditationspraktiken. Es erscheint vielen so einfach gestaltet, dass sie die enorme Wirkung dieser Übungen erst glauben können, wenn sie selbst die Wirkung nach einiger Übungszeit bei sich erfahren haben.

Sie werden sicherlich auch schon oft bemerkt haben, dass viele wirklich großen Dinge dieser Welt einfach gestaltet sind, wenn man tief genug in die zugrunde liegenden Gesetzmäßigkeiten eindringt. Dann kann man, aus der Tiefe der Zusammenhänge heraus, mit einfachen Mitteln und relativ wenig Einsatz oft unvorstellbar viel erreichen. TrophoTraining ist so einfach, wie es uns möglich war, gestaltet und in einfacher fast kindlich anmutender Sprache gehalten, dass es Körper, Seele und Geist sehr direkt anspricht und leicht von dem Unbewussten aufgenommen werden kann. Es ist, wenn Sie den Vergleich gestatten, ähnlich einem Soufflé gemacht: Man hat beim Essen nicht das Gefühl, viel zu essen und nimmt dennoch viele Kalorien auf.

Auch wenn unser TrophoTraining sich wesentlich von dem Autogenen Training von Professor Johann Heinrich Schultz unterscheidet, möchten wir an dieser Stelle ausdrücklich sein umfangreiches Schaffen würdigen und ihm danken. Hat er doch als unermüdlicher Pionier mit Hilfe der von ihm entwickelten konzentrativen Selbstentspannung, wie er sein Autogenes Training anfangs genannt hatte, in der westlichen Welt den Boden bereitet für diese Thematik und nicht nur vielen Menschen sehr geholfen, sondern auch eine große Aufgeschlossenheit erreicht. Es ist sein Verdienst und das seiner Schüler, dass wir heute auf zahlreiche wissenschaftliche Untersuchungen zurückgreifen können, die die ausgezeichneten Wirkungen dieser Techniken beweisen.

Ausgehend von den Erkenntnissen, die auch Schultz genutzt hat, nämlich den zunächst von Carpenter 1875 belegten Zusammenhängen zwischen Vorstellungen und Körpermotorik, den Erkenntnissen von Vogt über die Hypnose und schließlich dem stufenweisen Vorgehen im Autogenen Training sowie den Erkenntnissen der Psychopädie, meditativ-geistiger Zusammenhänge und Selbstversenkungstechniken, haben wir das TrophoTraining zusammengefügt. Es unterscheidet sich neben der Kürze seiner Übungen und der universellen Anwendbarkeit zusätzlich auch inhaltlich in wesentlichen Punkten von den anderen Vorgehensweisen. Im Gegensatz beispielsweise zum Autogenen Training, das das Weg-von-sich anstrebt und die Vorstellungen gezielt unpersönlich hält, steht im Mittelpunkt des TrophoTrainings die Hinwendung zu sich selbst und seinem Körper in ganz persönlicher Weise. Zudem werden im TrophoTraining nur Vorstellungen verwendet, die der aktuellen Wirklichkeit des Übenden entsprechen. Körperlich eintretende Veränderungen werden beim Üben nicht weiter beachtet, sondern man bleibt ganz im geistigen Bereich, was durch die Kürze der Übungseinheit (1–1 $1/2$ Min. jeweils, unabhängig davon, wie weit man in der Übung inhaltlich gekommen ist) unterstützt wird. Dennoch nutzt es die in hervorragender Weise geeigneten Übungsschritte des Autogenen Trainings, um stufenweise eine vegetative Umschaltung zu bewirken, die etwa dem als trophotrop bezeichneten Zustand der Regeneration von Innen heraus entspricht.

Grundlage ist die auf den naturgesetzmäßigen Zusammenhängen beruhende eigene Selbsterfahrung, dass sich Vorstellungen unmittelbar im Körper auswirken. An und für sich ist dieser Vorgang alltäglich und jedermann mehr oder weniger bewusst geläufig. Er wird auch als Ideoplasie (eine Idee wird plastisch, nimmt Gestalt an) bezeichnet. Normalerweise hat jeder bereits erlebt, dass die Vorstellung von gutem Essen, die womöglich noch durch Bratenduft verstärkt wird, Speichelfluss und Magensaftsekretion auslöst. Und jeder weiß auch, dass Angst und Schrecken, etwa beim Erleben eines Verkehrsunfalles, körperliche Veränderungen hervorrufen. Hautfeuchtigkeit, Gesichtsfarbe, Speichelfluss, Pulsschlag und viele andere Parameter ändern sich daraufhin schlagartig. Oder man denke sich einen Flötisten, der gerade dazu ansetzt, ein Solo zu blasen, als sein Blick auf einen jungen Mann fällt, der vor ihm in der ersten Reihe sitzt und gerade genüsslich in eine halbe Zitrone hineinbeißt. Ergebnis: Dem Flötisten läuft das Wasser mit einer solchen Intensität im Munde zusammen, dass er sein Solo nicht spielen kann. Auch der sog. Pawlowsche Reflex hat gezeigt, dass es möglich ist, bei Hunden allein durch einen Gongschlag Magensaftsekretionen auszulösen, wenn der Gong eine Zeit lang regelmäßig unmittelbar bei der Fütterung angeschlagen wurde.

Es empfiehlt sich, dass jeder, der das TrophoTraining erlernen will, eine Übung macht, die diese Zusammenhänge belegt und die jedem Anwender ermöglicht, dadurch jederzeit bei sich selbst den Beweis zu erleben, wie beispielsweise in dem klassischen Fallversuch: Hier steht die Versuchsperson mit geschlossenen Augen aufrecht. Der Psychopäde oder eine Hilfsperson steht in Armlänge vor ihr und fordert sie auf, sich zu konzentrieren und sich vorzustellen, dass sie an den Schultern nach vorn gezogen wird. Sobald es der Versuchsperson gelingt, sich diesen Zug nach vorne leibhaftig und lebhaft vorzustellen, bewegt sie sich mit dem Schultergürtel nach vorn. Der Psychopäde stoppt diese Vorwärtsbewegung mit seinen Armen; denn schon das Schwanken nach vorn um wenige Zentimeter genügt, um diesen ideoplastischen Vorgang zu erleben. Die gleiche Übung kann entsprechend auch nach rückwärts ausgeführt werden.

Sinn dieser Versuche ist es, dem Betreuten durch eigenes Erleben überzeugend bewusst zu machen, wie sich seine bildlichen Vorstellungen und Autosuggestionen, sein Einreden und Einbilden unmittelbar auf seinen Körper auswirken bzw. wie seine Vorstellungen und seine körperlich/seelischen Gegebenheiten zusammenhängen.

Von Beginn an trainiert der Lernende die Übungen möglichst regelmäßig, möglichst mehrfach täglich und möglichst zu gleich bleibenden Zeiten. Freigestellt bleibt, ob er im Liegen oder im Sitzen üben will. Die Hauptsache ist, dass seine Haltung nicht schon an sich zu Verkrampfung führt bzw. er sich dabei auch entspannen kann. Gerade zu Beginn des Einübens dieser Methode ist es erleichternd, wenn gewisse äußere Voraussetzungen erfüllt sind. Letztlich ist dies aber nicht notwendig, denn TrophoTraining kann und soll zunehmend an jedem Ort, zu jeder Zeit und ohne irgendwelche speziellen Voraussetzungen durchgeführt werden.

Wenn im Liegen geübt wird, empfiehlt es sich, gegebenenfalls Einschnürungen zu lösen (enge Gürtel oder Ähnliches) und eine Brille oder dergleichen abzulegen. Die Hände liegen neben dem Körper. Die Ellbogen sind leicht nach außen gewinkelt. Die Beine liegen nebeneinander, ohne sich zu berühren. Wenn, wie es meistens geschieht, auf einem Stuhl sitzend geübt wird, gibt es die Entspannung erleichternde Haltungen wie die aufrechte, dem Buddha-Sitz vergleichbare Haltung. Die Unterschenkel sind dabei möglichst vertikal, die Oberschenkel horizontal. Ist die Sitzfläche so hoch oder so niedrig, dass die Füßen nicht locker auf dem Boden aufliegen können, sind durch Unterlegen beispielsweise eines Telefonbuchs unter die Füße oder unter die Sitzfläche Erleichterungen möglich. Durch Änderung der Fußstellung ist zu erreichen, dass die Knie weder nach außen noch nach innen streben. Die Arme liegen mit dem unteren Drittel des Unterarmes auf den Oberschenkeln. Die Hände hängen an der Innenseite der Oberschenkel, ohne sich zu berühren. Sitzt der Übende auf einem Ohrensessel, liegen die Unterarme auf den Armstützen. Der Kopf wird zurückgelehnt und mit einem Kissen so abgestützt, dass der Übende in dieser Haltung schlafen könnte.

Hat der Übende die von ihm gewählte Ausgangsstellung eingenommen, bestätigt er sich das mit dem sich selbst zugesprochenen Satz: „Mein lieber ... (eigener Name), du bist ganz ruhig!" Das ist sozusagen der Vorspann und zugleich die erste Formel, die als Gedanke klar vorgestellt wird. *„Mein lieber ... du bist ganz ruhig!"* Das soll nicht mehr und nicht weniger heißen als: Ich habe die Ausgangsstellung eingenommen, nämlich mein Körper befindet sich für jeden äußerlich sichtbar in Ruhe. Ich liege oder sitze mit mir ruhig da, rede dabei mit mir und trainiere, bestimmte Vorstellungen bewusst einzuschalten.

An dieser Stelle wenden einige ein, dass sie sich aber gar nicht ruhig fühlen. Ihnen wird erläutert, dass die Formeln des TrophoTrainings lediglich das feststellen sollen, was tatsächlich in dem Augenblick des Übens bei ihnen wirklich so ist. Ein gravierender Fehler wäre, auf Zukünftiges bzw. zukünftig zu Erreichendes gerichtete Denkvorstellungen einzusetzen. Öfter wird von den Übenden berichtet, dass sie sich durch den Zudrang eigener Gedanken oder durch äußere Geräusche gestört fühlen. Darauf ist zu erwidern, dass eine solche Forderung, „gedankenlos" und in einem schalltoten Raum zu sein, unrealistisch und perfektionistisch ist. Die Gedanken dürfen vorbeiziehen und eilen, wohin sie mögen. Auch die Geräusche der Umwelt dürfen sein, wie sie sind. Entscheidend ist, dass das eigene Ich demgegenüber als gleichgewichtig, als gleich wichtig eingeschätzt und zugeordnet wird. Die nächste, einzuübende Formel: *„Alles ist ganz gleichgültig!"* ist hierbei hilfreich.

Zu beachten ist, dass „gleichgültig" nicht etwa ungültig oder weniger gültig bedeutet. Das kann mit dem Bild einer einfachen Waage, bei der sich beide Waagschalen in gleicher Höhe befinden, anschaulich gemacht werden. Ich bin genauso wichtig wie das Klingeln des Telefons, genauso wichtig wie das Klingeln an der Tür, genauso wichtig wie alle Nebengeräusche und genauso wichtig wie die Wolken, die am Himmel dahineilen und vorüberziehen wie meine Gedanken.

Gleichgültig heißt nicht ungültig, sondern heißt gleichermaßen gültig.

Nach dieser Grundeinstimmung über die Ruhe- und die Gleichgültigkeitsformel wird die 4. Übung hinzugefügt: „Mein lieber rechter Arm, du bist ganz schwer." Der Übende soll dabei nicht in seinen Körper hineinfühlen, um etwa das Schweregefühl im rechten Arm aufzuspüren. Er soll sich nur die Tatsache bewusst machen, von der Erde angezogen, gehalten (man könnte auch sagen geliebt) zu werden. Es ist die Erde, die uns durch ihre Anziehung Schwerkraft und damit Gewicht verleiht. Auf dem Mond hätten wir nur $1/6$ unseres Körpergewichts, und im Weltraum wären wir schwerelos. Es ist also eine physikalische Tatsache, dass sein rechter Arm schwer ist. Diese Tatsache meditiert er.

Wird die Schwereformel nach Einnehmen der Ausgangsstellung und der Bestätigung: „Mein lieber ..., du bist ganz ruhig!" regelmäßig meditiert, so wird nach einiger Zeit, meist nach wenigen Wochen, ganz spontan eine intensive Rückmeldung aus dem Körperbereich erfolgen: das Schwereerlebnis. Es ist als ein Geschenk des Körpers für das regelmäßige Üben und die damit verbundene liebevolle Zuwendung zu verstehen.

Beim Erlernen des TrophoTrainings ist darauf zu achten, in welcher Art und Weise der Übende mit sich spricht, in welchem Verhältnis er zu sich steht. Das wird durch den Wortlaut der Formeln deutlich. Der Satz: „Der rechte Arm ist ganz schwer", wie es beim Autogenen Training von J.H. Schultz vorgestellt wird, ist unpersönlich. Stattdessen sagen wir uns innerlich: „Mein rechter Arm ist ganz schwer!", das ist etwas anderes. Und wenn wir als Formel nehmen: „Mein lieber rechter Arm ist ganz schwer!", so schaffen wir uns damit ein emotional angereichertes Verhältnis zu der Welt unseres Körpers. Am intensivsten wirkt die dialogische Formel, die im TrophoTraining eingesetzt wird: *„Mein lieber rechter Arm, du bist ganz schwer!"*

Nun könnte man denken, dass diese dialogische Form den Übenden dazu verleitet, sich dabei wieder unmittelbar seinem Arm zuzuwenden und in den Körperbereich hineinzufühlen. So ist es jedoch nicht gemeint. Die innere Einstellung ist vielmehr vergleichbar mit der eines Briefschreibers. Er formuliert seine schriftlichen Botschaft, wohl wissend, dass die Antwort darauf erst eine ganze Weile später bei ihm eintreffen wird.

Die hauptsächlich vorkommenden Fehler bei dieser auf die Schwere bezogenen Formel bestehen, wie schon bei der Ruheformel einmal darin, dass nicht der tatsächliche Sachverhalt angesprochen, sondern eine in die Zukunft weisende Suggestion gegeben wird. Dann heißt es fälschlicherweise: „Der rechte Arm wird ganz schwer!", statt richtig: „Mein lieber rechter Arm, du bist ganz schwer!" Oder aber es werden Übertreibungen eingebaut, die den Sachverhalt verfälschen, beispielsweise: „Der rechte Arm wird ganz bleiern schwer!"
Tatsache ist, dass der Arm nur so schwer ist, wie seine Muskeln, Knochen und seine übrigen Gewebe tatsächlich wiegen. Bleiern schwer kann er gar nicht werden.

Da es bekanntlich nicht selten mit Komplikationen verbunden ist, wenn jemand aus dem Tiefschlaf aufspringt, um z.B. zur Tür oder an das Telefon zu laufen, soll der Übende schon von der ersten Übung an seinen Versenkungszustand regelmäßig durch ein ritualisiertes Erwachen beenden. Dazu empfehlen wir drei energisch auszuführende Schritte, die wir vom morgendlichen Aufwachen her kennen und die wir mit der Vorstellung von erfrischt und hellwach verbinden:
„1. Beide Arme kräftig beugen und strecken!"
„2. Tief aus- und einatmen!"
„3. Augen auf! Hellwach!"

Es handelt sich – und das gilt es, sich immer wieder bewusst zu machen – um ein Training. Also verbietet es sich, bei einzelnen angenehmen Empfindungen, die dabei auftreten könnten, genießerisch zu verweilen. Denn dies würde die Fortsetzung des Übens behindern. Erst wenn das ganze TrophoTraining erarbeitet worden und die angestrebte vegetative Umschaltung jeweils eingetreten ist, sollte der Übende dann die weitere Dauer der Übung zeitlich beliebig gestalten.

Wenn vor dem Einschlafen geübt wird, ist es natürlich nicht zu empfehlen, in der gewohnten Weise „zurückzunehmen", weil sonst das Einschlafen durch die Vorstellung von „hellwach" erschwert wird.

Die hauptsächlich vorkommenden Schwierigkeiten bestehen einerseits darin, dass der Übende nicht regelmäßig übt, sondern sich der Täuschung hingibt, es genüge, dass er verstanden hat, worum es sich handelt. Es gilt, sich immer wieder klar zu machen, dass es sich um ein Training handelt und dass Erfolge nur dann zu erwarten sind, wenn regelmäßig geübt wird. Es kommt auch immer wieder vor, dass Übende zu hohe Anforderungen an sich stellen. Das spricht für das Vorliegen perfektionistischer Züge. Sie kontrollieren den Erfolg gern schon während des Übens in ihrem Körper nach und klagen dann darüber, dass sich die Rückmeldungen aus dem körperlichen Bereich nicht mit der von ihnen gewünschten Schnelligkeit und Deutlichkeit eingestellt haben. Oder sie üben nur in Stresssituationen und erwarten den sofortigen Erfolg. Hier ist erneut darauf hinzuweisen, dass es sich beim TrophoTraining um geistige Übungen handelt und dass es den Erfolg, nämlich konzentrierte Gelassenheit, verhindert, wenn dabei oder in direktem zeitlichen Zusammenhang damit, auf das körperliche Geschehen bzw. auf den Erfolg geachtet wird.

Dass dies nicht notwendig ist, zeigt folgendes Beispiel: Jemand, der hungrig in einem Restaurant sitzt und die Speisekarte studiert, sucht keineswegs mit seinem Bewusstsein seine Speicheldrüsen auf, um festzustellen, ob sie auch schon genügend arbeiten. Er liest vielmehr, welche Speisen angeboten werden, und stellt sie sich vor. Dann geschieht es ganz von selbst, dass Speichelfluss und Magensaftsekretion einsetzen. Bei großem Appetit kommt es sogar vor, dass man erst einmal schlucken muss, ehe man dem Ober auf dessen Frage antworten und die Bestellung vornehmen kann. In ähnlicher Weise kommt es auch beim TrophoTraining nur darauf an, sich die in den Formeln zusammen fassten Sachverhalte vorzustellen und die Formeln zu meditieren, dann werden die Rückmeldungen aus dem körperlichen Bereich nach einiger Zeit ganz von selbst bewusst.

Wenn das Training nach einigen Wochen regelmäßigen Übens zur Routine bzw. geläufig geworden ist, kann man es gelegentlich auch länger dauern lassen und eventuell entstehenden Bedürfnissen nach Bewegung beim Üben nachgeben. So wie der Mensch normalerweise auch während des Schlafens seine Körperhaltung mehrfach verändern kann, ohne deshalb zu erwachen, ist es möglich, während des Übens Korrekturen der Körperlage und Körperhaltung vorzunehmen, zu husten, sich zu kratzen, eine Fliege zu verscheuchen usw., ohne sich dadurch von seinem Training ablenken zu lassen.

TrophoTraining kann ja nicht nur zu Hause, sondern sollte überall durchgeführt werden. Doch manchmal bereitet das Zurücknehmen Schwierigkeiten, weil es auffällig ist und andere Anwesende erschrecken könnte. Es ist deshalb möglich, den inneren Weckruf: „Erfrischt und hellwach!" statt mit dem energischen Beugen und Strecken der Arme sich einfach mehrmals vorzustellen oder mit Hilfe von isometrischen Übungen der Finger, der Hände und der Arme körperlich umzusetzen. Das geschieht, indem man Handteller und Fingerkuppen beider Hände fest gegeneinander presst, sodann die Hände faltet und energisch auseinander zu ziehen versucht, ohne sie jedoch voneinander zu lösen.

Sollten beim Trainieren einmal Missempfindungen auftreten, was bei der kurzen Übungsdauer kaum der Fall sein kann, dann lassen sich diese durch energisches Zurücknehmen jederzeit stoppen.

Manchmal wird gefragt, warum denn nur mit dem rechten Arm geübt wird. Dazu ist zu sagen, dass der rechte Arm beim Rechtshänder erfahrungsgemäß am bewusstseinsnächsten ist und daher leichter vorgestellt werden kann als beispielsweise des Fuß. Linkshändern wird deshalb empfohlen, in die Formel anstelle des rechten Armes den linken Arm einzusetzen. Die Zuwendung zu dem anderen Arm und den Beinen ist nur in Ausnahmefällen erforderlich, weil der Körper die in der Vorstellung nur auf den einen Arm bezogene Entspannung automatisch auf alle anderen Muskelbereiche überträgt.

Der zweite Teil der 4. Formel bezieht sich auf die Stammwärme des Körpers, die ein Zeichen dafür ist, dass der Übende lebt: *„Mein lieber rechter Arm, du bist ganz schwer und warm!"* Hierbei spielt es keine Rolle, ob Übende beispielsweise gerade kalte Hände oder kalte Füße haben. Wie auch bei den anderen Formeln gilt es zunächst zu klären, welcher tatsächlich vorhandene Sachverhalt gemeint ist, der dann in der Formel festgestellt wird. Dann kann dieser möglichst bildhaft und lebendig vorgestellt werden. So bezieht sich der in dieser Formel vorzustellende Sachverhalt nicht auf die Kapillaren in der Haut oder die bewussten Empfindungen, sondern auf die pulsierende Wärme in den Schlagadern. Solange der Arm lebendig zum Körper gehört, wird er von arteriellem Herzblut mit der Stammkörperwärme des Organismus durchpulst und ist aus dieser Sicht tatsächlich warm.

Die 5. Übung bezieht sich auf das Herz: *„Mein liebes Herz, du schlägst ruhig kräftig!"* Während die vorhergehenden Formeln von Schwere und Wärme sich eher auf etwas Statisches beziehen, gilt die neue Formel einem dynamischen Vorgang. Da es vereinzelt vorgekommen ist, dass die Arbeitskraft des Herzens erschreckend wirkt, wenn sie dem Übenden einmal im Zuge der körperlichen Rückmeldung ins Bewusstsein kommt, wurde das Wort „ruhig" eingefügt.

Zwischen „ruhig" und „kräftig" steht – wohlgemerkt – kein Komma! Damit hat das Wort „ruhig" die Bedeutung wie etwa in dem Satz: Lass die Kinder ruhig Krach machen! Außerdem ist zu bedenken, dass es Übende gibt, die einen unregelmäßigen Puls haben oder die gerade nach einer körperlichen Anstrengung eine erhebliche Pulsbeschleunigung aufweisen. Es ist deshalb ein Fehler zu sich zu sagen: „Das Herz schlägt ruhig, kräftig und regelmäßig." Diese Formulierung stünde nämlich offensichtlich im Widerspruch zu der erlebten Wirklichkeit. Wird dagegen in der hier angegebenen Weise mit der Formel geübt: „Mein liebes Herz, du schlägst ruhig kräftig!", also mit dem Akzent auf dem Wort „schlägst" und ohne Komma zwischen „ruhig" und „kräftig", dann ist die Vorstellung einfach und richtig.

Der nächste Schritt gilt der Atem-Formel: *„Mein lieber Atem, du atmest mich"* oder kurz: *„Es atmet mich."* Der mit dieser Formel festgestellte Sachverhalt besteht darin, dass die Atmung exakt auf der Schwelle zwischen Bewusstem und Unbewusstem angesiedelt ist (siehe Kapitel Pneopädie). Wir können die Atmung willkürlich beeinflussen, die Luft anhalten, hecheln, Blasinstrumente spielen, willkürlich aus- und einatmen. Aber jedermann weiß auch genau, dass ihm die Atmung geschieht, wenn er nicht daran denkt, wenn er schläft oder wenn er bewusstlos ist. Man kann die Atmung also getrost sich selbst überlassen und darauf vertrauen, dass „Es" normal weiteratmet. Das bedeutet natürlich auch, dass uns der Atem und damit mit jedem Atemzug unser Leben geschenkt wird!

Hilfreich kann bei der Atemformel auch die Vorstellung des Loslassens und der Stärkung durch Lebensenergie sein und auch die Vorstellung, dass die Atmung nicht etwa allein ein blasebalgähnlicher Vorgang in den Lungen ist, sondern dass die Sauerstoffwolke den ganzen Körper durchweht, dass wir mit der Ausatmung Verbrauchtes abgeben und dass die Einatmung alle Körperzellen des ganzen Organismus mit neuem Leben versorgt.

Die Beobachtung, dass die Atmung einem dreiteiligen Rhythmus folgt: *Aus – Pause – Ein* ist ein wichtiger Hinweis darauf, dass Pausen auch im alltäglichen Leben notwendig und für konzentrierte Lockerheit nützlich sind.

Die 6. Formel lautet: „Mein lieber Leib, du bist strömend warm". Auch diese Formel ist als Brief zu denken, indem man seinem Körper als Partner mitteilt, was ohnehin in ihm geschieht, was man mit Liebe und Freude weiß und wahrnimmt: *„Leib strömend warm"*.

In den Bereich der Wärme des Leibes fallen die Funktionen von Leber, Galle, Bauchspeicheldrüse, Magen, Milz, Därmen, Nieren und Nebennieren, Harnblase und Geschlechtsorganen. Die genannten Organe werden nervlich vom Sonnengeflecht, dem Solarplexus, gesteuert und in ihren Funktionen balanciert: „Leib strömend warm". In der Darstellung des TrophoTraining wurde darauf Bezug genommen und der Mensch mit einer Sonne im Bauch gezeichnet.

Hinzu kommt die ergänzende feste Formulierung: *„Meine liebe Stirn, du bist angenehm kühl."* Gemeint ist hierbei nicht etwa der Kopf, sondern ein Hautphänomen im Stirnbereich. Der geringe Luftzug, der durch die Atmung des Übenden entsteht, reicht völlig aus, um eine geringfügige Verdunstungskühle vor der eigenen Stirn empfindbar zu machen. Dies ist eine weitere Form der Kommunikation mit der Umwelt, bei der dem Übenden schließlich aus seiner Körpersphäre rückgemeldet werden wird, dass er nicht in einem luftleeren Raum lebt, dass er nicht nur von der Erde angezogen wird, die ihm Schwerkraft verleiht, sondern dass er in eine Leben spendende Atmosphäre eingebettet ist, von der er sich gleichzeitig abgrenzt. Diese Abgrenzung ist für ihn zu bemerken an der Außenseite der eigenen Haut, und zwar durch einen Hauch von Verdunstungskühle.

Wer bis hierher regelmäßig mehrfach täglich trainiert hat, kann in der Regel davon berichten, dass ihm die Schwere und Wärme des Körpers, das Pulsieren seines Herzens und seiner Schlagadern, das Durchweht-Sein vom Atem, die strömende Wärme seines Leibes und der leichte Hauch angenehmer Kühle vor der Stirn zum Erlebnis geworden sind, und es wird bei weiterem regelmäßigem Training nicht mehr lange dauern, dass ein einziger Begriff, z.B. „Ruhe" dazu genügt, um die vegetative Umschaltung in einem einzigen Augenblick zu erreichen. Dadurch, dass die Übungszeiten kurz gehalten sind und möglichst nur eine, höchstenfalls zwei Minuten betragen, ist mit der Zeit ein bedingter Reflex entstanden, der es ermöglicht, dass schon ein geistiges Antippen genügt, um die erwünschte vegetative Umschaltung unmittelbar zu erreichen.

Die wichtigsten Wirkungen des TrophoTrainings sind: Verbesserung der Konzentrationsfähigkeit, Beruhigung, Angstminderung, Verbesserung der körperlichen, geistigen und künstlerischen Leistungsfähigkeit, Abbau von Fehlhaltungen, Ich-Stärkung, Auflösung von Abhängigkeiten, Dämpfung überschießender Emotionen, Distanzierung von Umweltreizen, Stärkung des Selbstvertrauens, Beheben von Ein- und Durchschlafstörungen und anderen vegetativen nervösen Entgleisungen.

Die Einbeziehung „formelhafter Sätze" im Anschluss an die Standardformeln als siebte Übung, individuelle Autosuggestionen, wie sie auch von Klaus Thomas für das Autogene Training beschrieben wurden, erhöht diese Wirkung weiter. Unbedingt dabei zu beachten ist, dass diese persönlichkeitsgerecht und bildhaft formuliert sind und der aktuellen Wirklichkeit des Übenden entsprechen.

Wird erwogen, das TrophoTraining als Behandlungsmethode einzusetzen, ist zu beachten, dass bei fleißigem Trainieren bis zu seiner Beherrschung mindestens acht Wochen benötigt werden, so dass es erst dann seine volle Wirksamkeit entfalten kann. Steht es bereits gut eingeübt zur Verfügung, kann es unmittelbar zur Behandlung aller denkbaren Störungen des Befindens eingesetzt und mit Hilfe situationsbezogener formelhafter Sätze weiter ausgebaut werden.

Es ist aus den genannten Gründen heraus anzustreben, das TrophoTraining auch aus präventiven Überlegungen möglichst schon in der Schulzeit jedem zugänglich zu machen, damit schon früh das Selbstvertrauen, die Lernfähigkeit und vor allem auch die Widerstandskraft gegen Drogengebrauch gestärkt werden, und damit es in Zeiten schwerer Bedrängnisse als erstrangige psychopädische Hilfe bereits zur Verfügung steht.

36 Selbstversenkung

„Nie ist der Mensch mehr (bei sich), als wenn er abwesend wirkt." – G.K. Chesterton

Es gehört spezifisch zur Art des Menschen, dass er ein Verhältnis zu sich und der Welt hat: seine Seele. Selbstversenkung meint nun einen bestimmten Umgang mit sich und der Welt, den sich ein Mensch errichten kann: seine Hingabe an das Wirken des Geistes in seinem Leibe und in seiner Geschichte. Selbstversenkung als die älteste und zentralste Behandlungsform kommt in den meisten seelischen Behandlungsformen vor und bewirkt eine Verbesserung des Verhältnisses zu sich selbst und folglich ein Mittel zum Schutz und zur Heilung der Seele, die jeder selbstständig einüben und durchführen kann.

In der genetischen Ermächtigung, der Welt so viel ganz spezifisch sortierte Materie zu entnehmen und daraus unseren Leib zu erbauen, wie es unserer Erbformel entspricht, präsentiert sich uns ein Prinzip, das alle Teile und Vorgänge unseres Leibes auf unseren Leib als auf einen Organismus bezieht. Das ist der Geist. Er ist das Beziehende, das alle in uns ablaufenden Prozesse zu einem Stoffwechsel zusammenführt. In der Selbstversenkung kann jeder der Wirklichkeit ansichtig werden, dass der göttliche Geist in jedem Menschen wohnt und dass er auch einen jeden heilen kann.

Der Mensch ist nun – wie Goethe gesagt hat – das einzige Lebewesen, das seine Organe belehren kann. Umgekehrt ist der Mensch nach unserer Meinung auch in der Lage, zu seinen Organen in die Lehre zu gehen, von ihnen zu lernen. Unter dem Begriff „Selbstversenkung" ist hier eine bestimmte Art von Verhältnis gemeint, das sich ein Mensch errichten kann. Dieses Verhältnis ist durch Hinwendung des Bewusstseins nach innen und gleichzeitig durch Abwendung des Bewusstseins von allem anderen zu kennzeichnen.

Es gehört spezifisch zur Art des Menschen, dass er ein Verhältnis zu sich und der Welt hat und dass er dieses Verhältnis entfalten, pflegen, aber auch verkümmern lassen kann. Diese Eigentümlichkeit des Menschen, in der er von sich und den Dingen Abstand nehmen und sowohl sich als auch den Dingen gegenübertreten kann, ist seine Seele. Sie kann reich differenziert und entfaltet werden. Sie kann ärmlich und unentwickelt bleiben.

Wendet sich der Mensch sich selbst zu, dann kann dies auf vielerlei Weise geschehen. Er kann auf sich sozusagen zugehen und etwas mit sich tun, sich kleiden, ernähren, behandeln, loben, tadeln, beschimpfen, ja sogar töten. Außer solchen männlichen (siehe Kapitel Männlich-Weiblich), nach außen gerichteten Verhaltensweisen kann er aber auch sich lauschen und sich anschauen. Er kann sich den biochemischen Prozessen seines Leibes und dem darin sich offenbarenden Wirken seines Geistes vertrauensvoll hingeben und auf diese Weise weiblich-rezeptiven Verhaltensweisen Raum geben. Psychotherapeutischen Verfahren, wie die Hypnose, die gestufte Aktivhypnose nach Langen, das Autogene Training, die Psychoanalyse, die Verhaltens- und Gesprächstherapie und das Psychodrama und eben unsere Psychopädie haben die Selbstversenkung miteinander gemeinsam. Alle lenken sie die Achtsamkeit des Patienten zu sich selbst hin, zu seinen Einfällen, zu seiner Geschichte, zu der Atmung oder zu der Schwerkraft, die uns verliehen ist. Jede Rückmeldung, die einem Patienten gegeben wird, jedes aktive Zuhören, jede Ich-Botschaft, die man ihm widmet, lassen den Patienten aufhorchen auf das, was er gelebt hat und wie er gelebt hat, auf den, der er ist.

Selbstversenkung ist vielleicht die zentralste und älteste Therapie überhaupt. Sie kann – wie so vieles heute – auch inflationiert werden – Dietrich Langen hat nachdrücklich darauf hingewiesen – wie bei der transzendentalen Meditation, bei der mit der Mantram-Verteilung oft das große Geschäft beginnt. Ohne diese unheilvolle Beigabe und ohne die damit verbundene organisatorische Bindung wäre nichts dagegen einzuwenden. Dann würde die einfachste Technik beispielsweise nach Joel Goldsmith so lauten: „Setze dich dreimal am Tag eine Minute lang aufrecht und bequem hin. Stelle dabei beide Füße auf den Boden, schließe die Augen und vergegenwärtige dir, dass der Geist, der in uns lebt, alles zum Besten regiert. Gib dich diesem göttlichen Geist hin. Erfreue dich an deinem Atemgeschehen, an allem, was sich an dir und in dir zuträgt. ... Wenn du dies dreimal täglich tust, wirst du es bald öfter tun. Dein Verhältnis zu dir und zu deiner Welt wird sich bessern und damit deine gesamte Verfassung."

Warum aber, so erhebt sich jetzt die Frage, warum aber bessert oder heilt die dem Leibe zugewendete Achtsamkeit? Warum ist Selbstversenkung überhaupt Therapie? Um diese Fragen beantworten zu können, betrachten wir hier noch einmal jene andere Seinsweise des Menschen, die wir Leib nennen. Der Mensch ist Leib, ist ein leibliches Wesen, ist identisch mit seinem Leibe. Er entsteht in dem Augenblick, in dem Eihalbzelle und Spermahalbzelle zu einem neuen Einzeller verschmelzen. In der Erbformel, dem genetischen Befehl, der bei jeder Zellteilung für jede Tochterzelle vervielfältigt wird, liegt nicht nur der Bauplan für den ganzen Organismus vor.

Mehr noch, alle Phasen der Reifung und des Alterns sind darin beschlossen (siehe Kapitel *Organismisches Wachstum*).

Nicht nur, dass unsere Leber-, Knochen-, Nieren- oder Nervenzellen jetzt wissen, wie sie ihre aktuellen Stoffwechselaufgaben zu erfüllen haben – und das wissen sie selbst dann, wenn wir nicht die mindeste Ahnung davon haben –, es geschieht sogar, dass alle Atome und Moleküle, aus denen unser Organismus besteht, laufend ausgewechselt werden. In einiger Zeit besteht jeder Organismus aus einer völlig erneuerten Materie, und zwar unter Beibehaltung aller Gedächtnisspuren, aller Narben und aller individuellen Merkmale. Gleichzeitig wird der hochinteressante Prozess des Alterns unablässig fortgesetzt.

In unserer Erbformel – in dieser genetischen Ermächtigung, der Welt so viel ganz spezifisch sortierte Materie zu entnehmen und daraus unseren Leib zu erbauen – präsentiert sich uns ein Prinzip, das alle Teile und Vorgänge unseres Leibes auf unseren Leib als auf einen Organismus bezieht. Das ist der Geist. Dieser Geist, der in allem wirkt, allem seine Gestalt, sein Leben und seine Ordnung gibt, ist Gott. Wendet sich ein Mensch in weiblicher Weise, das heißt rezeptiv, lauschend und horchend seinem Leibe und den in diesem Leibe waltenden Lebensvorgängen zu, dann kann ihm das Wirken des Geistes gewahr werden. Dann kann er bemerken, dass das Atemzentrum weiß, wann es seine Impulse abfeuern muss, dann kann er bemerken, dass das Herz weiß, wie es zu arbeiten hat, dass Leber und Nieren – auch jetzt in diesem Augenblick – ihre Aufgaben genauestens kennen. Er kann entdecken, dass hier alle Aufgaben längst vollbracht sind, dass er allerdings in den Prozess seines Lebens fröhlich einsteigen und dankbar mittun darf.

Selbstversenkung bringt die Erfahrung, dass alles Grundlegende längst vollbracht ist. Also darf der Mensch auf seine übermäßigen Verspannungen und Geschäftigkeit verzichten. Angst wandelt sich in Vertrauen, Hast in Gelassenheit, Sorge in Dankbarkeit. In der Selbstversenkung wird die Seele ihres Geistes ansichtig. Sie überlässt das männliche Prinzip dem Geist und seinem Wirken und begegnet ihm in weiblicher Funktion als zugehöriger Partner.

Selbstversenkung ist Anschauung und Andacht. Sie kann Entgleisungen wieder zurechtrücken, den Energiekreislauf wieder ausgleichen. Wenn ein Konzertmusiker in der Partitur einmal die Stelle nicht sieht, bei der man sich gerade befindet, dann muss er innehalten, auf das Ganze lauschen, den Dirigenten als Repräsentanten des Geistes dieses Orchesters anschauen und seinen neuen Einsatz von dort entnehmen. Dann erfährt auch er, dass alle Noten in jener Komposition längst aufgezeichnet sind, dass er zu seiner Freude mitspielen darf, um vielleicht immer wieder neu aufzuführen, was im Grunde längst vollbracht ist. Dennoch macht der Ton die Musik, den wir jeweils hier und heute anstimmen.

So sind auch wir uns im Klaren darüber, dass wir nichts Neues zu sagen haben, dass wir nur neu formulieren dürfen, was jeder von uns schon in sich trägt, und dem jeder von uns in Selbstversenkung ansichtig werden kann, nämlich dass der Geist Gottes in jedem von uns wohnt und dass dieser auch einen jeden von uns heilen kann.

Wie wir im Kapitel *Selbstgespräch* festgestellt haben, spricht jeder Mensch mit sich. Wie dies genutzt werden kann, um seinen Umgang mit sich und auch mit früheren prägenden Erlebnissen zu verbessern, ist im nächsten Kapitel beschrieben.

37 Psychopädische Ich-Begegnung und Syngnomopädie

Es ist nicht ungewöhnlich, dass jemand zu sich sagt: „Ja, wenn ich das damals gewusst hätte, wäre ich einen anderen Weg gegangen!" Manchmal artet diese Besinnung in autodestruktive Selbstvorwürfe aus: „Wie konntest du nur so unvernünftig sein? Du warst schön blöd!" Das heutige Ich spricht zu einem damaligen Ich im eigenen Innern, spricht mit dem Kind, das es selbst damals gewesen ist. Der Betreuer fragt zuweilen den Betreuten bei der Erörterung zurückliegender Begebenheiten: „Wie sehen Sie das heute? Wie würden Sie sich aufgrund Ihrer heutigen Einsichten in jener damaligen Situation heute verhalten?"

Der Psychoanalytiker Richard Sterba hat diese Art des erwünschten Sich-selbst-Gegenübertretens als „therapeutische Ich-Spaltung" bezeichnet. Der Betreute grenzt dabei in seiner Biographie eine kindlich-neurotische Region ab, die er sich wie ein Foto aus dem Familienalbum oder vielleicht wie einen Film- oder Videostreifen personifiziert gegenüberstellt. Dabei identifiziert er sich als der Heutige mit einer realitätsgerechten und seiner heutigen Vernunft entsprechenden Region seines Ichs.

Die psychopädische Arbeit geht noch einen Schritt weiter. Sie regt den Dialog zwischen beiden Ichs an, wie dies von Moreno in gewissen Formen des Psychodramas eingeführt worden ist, und bezeichnet dies als Ich-Begegnung. Ausgehend von der Tatsache, dass jeder Mensch immer mit sich spricht, dass jeder seine Handlungen mit innerem Sprechen begleitet, gelangen wir zu der Einsicht, dass auch der Betreute damals, als sich die heute von ihm erörterte Begebenheit zugetragen hat, mit sich gesprochen hat. Aber offensichtlich hat er sich damals schlecht beraten. Offensichtlich ist er sich damals auch jene Informationen schuldig geblieben, die ihn vor autodestruktiven Reaktionen hätten bewahren können. Offensichtlich hat er sich selbst damals auch die freundschaftliche Zuwendung und Liebe nicht gegeben, die er so lebensnotwendig gebraucht hätte. In der Regel hat er damals die Partei der damaligen Machthaber ergriffen und die Haltung eingenommen: „Siehst du wohl, das hast du nun davon, dass man dir so übel mitspielt." Derartige Vorfälle haben zu dem alten Liebesdefizit und so zu den zahlreichen Störungen geführt, für die jetzt psychopädische Hilfen beansprucht werden.

Die psychopädische Ich-Begegnung ist in Verbindung mit der Syngnomopädie ein wirksames Instrument, um die Reintegration, d.h. die Wiedereingliederung von Verdrängtem, um das Wieder-ins-Leben-Holen von Ausgesperrtem und damit Heilung zu ermöglichen.

Dabei sind folgende Schritte zu erkennen:

1. Der Betroffene ist damals in der Regel noch ein Kind gewesen. Dieses Kind ist so lebendig wie irgend möglich zu vergegenwärtigen, so dass es in dem angestrebten Dialog selbst das Wort ergreifen kann.

2. Der Heutige hat sich auf das zu besinnen, was er sich damals gedacht und sich zugesprochen hat. Er hat sich klarzumachen, was er dem Kind, das er damals war, schuldig geblieben ist.

3. Er eröffnet den Dialog mit dem Kind. Dieses Kind ist, mit anderen Worten gesagt, eine personifizierte, infantil-neurotische Region seines Ichs, der er mit seiner heutigen Vernunft „realitätsbeflissen" gegenübertritt. Er, der Heutige, repräsentiert damit eine *andere* Region seines Ichs. Er redet das Kind an, das konfliktgeprägt in ihm lebt, und spricht aus, dass er jetzt einsieht, was er damals versäumt hat. Er teilt die erforderlichen Informationen mit, die das damalige Geschehen in anderem Licht erscheinen lassen, so dass das Kind in ihm daraufhin seine damals erworbenen Wertungen ändern kann.

4. Er bittet das Kind um Vergebung für sein damaliges Versagen, ohne sich jedoch dabei anzuklagen. Er spricht vielmehr in der Einsicht, es damals noch nicht besser gewusst zu haben. Er teilt dem Kind seine Reue und seine Liebe mit und bittet, zukünftig freundschaftlich mit ihm gemeinsam leben zu dürfen.

5. Er wartet die Antwort des Kindes ab. Ist sie negativ, so bemüht er sich, sich immer noch näher an das Kind heranzulieben, sich seiner zu erbarmen und nicht locker zu lassen, entsprechend dem Bibelwort: „Ich lasse dich nicht, du segnest mich denn!"

6. Vergibt ihm das Kind, verwandelt sich die Szene zu einer personalen Begegnung mit der Liebe Gottes.

Ein Beispiel: Eine 31jährige Betreute erinnert sich daran, wie sie im Alter von etwa 10 Jahren von ihrer Mutter dazu gezwungen wurde, Bibelsprüche auswendig zu lernen. Sie habe das nicht gekonnt. Und je mehr sie von der Mutter ausgeschimpft und geschlagen worden sei, um so weniger aufnahmefähig sei sie gewesen.

Betreuer: „Was haben Sie sich damals gesagt?"
Betreute: „Ich habe mir gesagt, dass ich dumm und blöde bin und dass es kein Wunder ist, wenn ich die Mutter damit so wahnsinnig aufrege."
Betreuer: „Und was denken Sie heute darüber?"
Betreute: „Heute denke ich, dass meine Mutter sadistisch mit mir umgegangen ist. Ich hasse sie und ich hasse Bibelsprüche."
Betreuer: „Glauben Sie, dass es Ihre Mutter schlecht mit Ihnen gemeint hat, dass sie Sie kaputt machen wollte?"
Betreute: „Nein. Das glaube ich nicht. Sie hat es auf ihre Art sicherlich gut gemeint. Aber ihr Vorgehen war trotzdem grundverkehrt. Sie hat mich beschädigt und gequält."
Betreuer: „Waren Sie es nicht selbst, die Sie sich als dumm und blöde abgewertet und sich die Schuld an Mutters Zorn zugeschoben haben?"
Betreute: (zögernd) „Stimmt."
Betreuer: „Ich sehe das von Ihnen beschriebene 10jährige Mädchen vor meinem inneren Auge. Machen Sie sie ganz lebendig in Ihrem Herzen mitsamt ihrer Not bei der Aufgabe, mit der Mutter Bibelsprüche zu lernen. Sehen Sie sie?"
Betreute: (kämpft mit den Tränen) „Ja."
Betreuer: „Erbarmen Sie sich des Mädchens. Seien Sie ihre Anwältin und sprechen Sie mit ihr."
Betreute: „Ja." (Pause, während ihr Tränen über ihre Wangen rollen) „Du Liebes, was deine Mutter da mit dir macht, ist schlimm. Sie meint es ja gut. Aber was hilft das. Du bist nicht dumm, nicht blöd. Deine Mutter ist auf dem falschen Dampfer. Leider habe ich dir damals nicht beigestanden, sondern gegen dich Partei ergriffen. Ich habe das damals noch nicht überblickt und habe damit große Schuld auf mich geladen. Bitte, vergib mir! Ich möchte dich lieben und mit dir leben. Mich schmerzt, dass ich dich im Stich gelassen habe. Bitte, verzeih!"
Betreuer: „Was antwortet das Kind?"
Betreute: (Schweigt. Nach längerer Pause): „Es sagt: »Komm!« und streckt seine Hände nach mir aus." (Pause) „Seine Berührung geht mir durch und durch, erfüllt mich mit Wärme und Ruhe. Das ist wie ein Lichtstrahl des Himmels."
Betreuer: (Pause) „Wie sehen Sie jetzt ihre Mutter?"
Betreute: „Eine arme, bedauernswerte Frau! Es ist kein Hass mehr da. Übrigens habe ich den Eindruck, als sei auch meine Abneigung gegen Bibelsprüche verschwunden."

So weit das Fallbeispiel.

Es liegt auf der Hand, dass die Hypnose vorzüglich geeignet ist, die grundlegende und im Sinne des Wortes notwendige psychopädische Ich-Begegnung zu fördern und zu vertiefen. Es gibt Menschen, die mit der Vergegenwärtigung ihrer Kindheit Schwierigkeiten haben. Oft können sie sich das in Konflikten verzagende Kind, das sie selbst gewesen sind, nur mit großer Mühe leibhaftig und lebendig vorstellen. Hierbei leistet die Hypnose ausgezeichnete Dienste, insbesondere dann, wenn die auftauchenden Schwierigkeiten dabei Schritt für Schritt erörtert und verarbeitet werden.

Was die Bitte um Verzeihung betrifft, so weiß ein jeder, dass eine Kränkung beziehungsweise eine Verletzung nicht dadurch auszugleichen ist, dass man den Betroffenen anlächelt und sich dabei womöglich lediglich stillschweigend eine Bitte um Verzeihung denkt. Wir sagen alle, wenn wir jemanden versehentlich auf den Fuß getreten sind, dass es uns Leid tut und bitten um Verzeihung, selbst wenn wir nur „Pardon" murmeln. Mit dem Begriff Entschuldigung ist es ohnehin recht merkwürdig. Denn „ich entschuldige mich" bedeutet so viel wie Rechtfertigung, beispielsweise durch Vorlage eines Alibis. Im kaufmännischen Bereich bedeutet es so viel wie Konkurs anmelden, um auf diesem Wege seine Schulden loszuwerden. Der gemeinte Sinn kommt dagegen nur dann zum Ausdruck, wenn der andere um Entschuldigung und besser noch um Verzeihung oder um Vergebung gebeten wird.

Wenn jemand gelernt hat, partnerschaftlich mit sich zu sprechen und seine Handlungen mit sich freundschaftlich zu erörtern, dann ist es selbstverständlich, dass er sich grundsätzlich immer um Verzeihung bittet, wenn er sich gekränkt haben sollte. Jemand, der sich beim Telefonieren verwählt und sich daraufhin als Depp beschimpft, sollte dann genauso, als ob ein Fremder betroffen wäre, sich selbst um Verzeihung bitten. Dies ist eine weitere Übung für Ihre seelische Gesundheit im Alltag.

Das griechische Wort „syngnomon" bedeutet Verzeihung. Deshalb bezeichnen wir den Prozess, dass der Betreute einen Vergebung erbittenden und vergebenden Umgang mit sich selbst erlernt, als Syngnomopädie und halten die Begleitung der Betreuten beim Erlernen dieser Umgangsweise für ein Herzstück unserer Psychopädie.

Nachdem wir uns im ersten Teil mit dem Umgang mit uns selbst befasst haben, wenden wir uns im 2. Teil den Möglichkeiten zum erfreulichen Umgang mit anderen zu.

Teil II:
Umgang mit anderen

„Es verhält der Mensch sich wie verwandelt, wenn man als Menschen ihn behandelt." – Wilhelm Busch

Wenn wir im Jetzt und Hier leben wollen, wenn wir achtsam sein wollen, wenn wir kongruent, d.h. in unserem Denken und Handeln in gleichem Sinne unser Leben gestalten möchten, dann gilt es, sich der jeweiligen Situation soweit wie möglich hingeben zu können. Anders ausgedrückt, es gilt sich frei zu machen von Vergangenem für das, was auf einen zukommt. Dies gilt in erster Linie für die Begegnung mit anderen Menschen, besonders mit Menschen, die einem anvertraut sind oder die sich einem anvertraut haben in einer Beratung. Dies gilt aber auch in der Begegnung mit allem und jedem.

1 Die Innere Vorbereitung

Sie beginnt damit, dass der Mensch sich innerlich und äußerlich sammelt. Was ist damit gemeint?

Bei Leichtathletikübertragungen kann man gelegentlich beobachten, wie sich Sprinter auf ihren Start vorbereiten. Alle richten zunächst ihre Startblöcke ein und ordnen ihre Kleidung und ihre Schuhe. Einige bekreuzigen sich und bringen damit zum Ausdruck, dass sie sich im Einklang mit Gott wissen möchten. Kurz vor dem Start zeigt dann das Fernsehen oft in Großaufnahme, wie sich die Athleten auf die bevorstehende Aufgabe konzentrieren, wie sie sich innerlich sammeln. Das ist nicht nur aus ihrem Gesichtsausdruck, sondern aus der ganzen Körperhaltung abzulesen. Diese Vorbereitung, in der die Seele das geistige und das körperliche Geschehen auf einen möglichst gemeinsamen Nenner bringt, erscheint uns selbstverständlich.

In unserem Alltag vergessen wir oft, uns in entsprechender Weise auf bevorstehende Aufgaben vorzubereiten. Uns scheint die Zeit zu knapp zu sein. In Wirklichkeit sind wir nur nicht bewusst bzw. achtsam genug. Wir erleben nicht in voller Wachheit, dass wir es sind, die gerade vor eine Aufgabe gestellt werden, dass wir mit uns selbst zu Rate gehen können, ob wir jetzt diese oder jene Aufgabe annehmen oder ablehnen wollen. Ein noch immer allgemein bekanntes Beispiel für die innere Sammlung vor einer Aufgabe ist das Tischgebet. Die äußere Vorbereitung zum Essen, die aus Einkaufen, Zubereiten, Tischdecken und Auftragen besteht, ist abgeschlossen, wenn sich die Beteiligten an den Tisch setzen. Dann schließt man zur inneren Vorbereitung die Augen und vergegenwärtigt sich, dass die Speisen nämlich zum Aufbau und zur Erhaltung unseres Organismus dienen sollen. Auch hierbei kommt es darauf an, geistiges und körperliches Geschehen auf einen möglichst gemeinsamen Nenner zu bringen. Dies geschieht beispielsweise, indem man Gott dankt und ihn um seinen Segen bittet.

Worin bestehen die Vorgänge einer solchen inneren Einstimmung, die in besonderem Maße greift bei der Begegnung mit zu betreuenden Menschen? Sie beginnen damit, dass man sich innerlich anruft: „Hallo!", dann kommt der eigene Rufname und dann beispielsweise: „Da will jemand was von dir!" „Was will der denn von dir?", „Wollen wir uns darauf einlassen?" Wenn ja, unter welchen Bedingungen?

Für denjenigen der anfängt, das zu üben, dauert dieser Vorgang ein paar Sekunden. Für den Geübten jedoch spielt er sich im Bruchteil einer Sekunde ab. Der Vorgang ähnelt der ersten Frage Gottes an den Menschen: „Adam, wo bist du?" Erst so kann erreicht werden, dass der Mensch sich nicht von allem, was ihn anmutet, „verheizen" lässt, zum Telefon oder zur Tür rennt, ohne sich bewusst zu machen, was da eigentlich mit ihm geschieht. Um ein ebenbürtiger Partner zu sein, ist es unerlässlich, dass der sich Vorbereitende zunächst einmal sich selbst als Person in die Begegnung mit dem Gegenüber, das ihm da gerade entgegentritt, einbringt. Nur so ist gewährleistet, dass er ganz gegenwärtig, dass er ganz anwesend ist, nicht nur mit einem Ohr, sondern mit dem ganzen Herzen.

Durch das Anrufen des eigenen Namens wird der Geist geweckt.

Der nächste Schritt der inneren Vorbereitung, insbesondere auf Begegnungen mit zu betreuenden Menschen, besteht darin, dass die vorausgegangene Inanspruchnahme abgeschlossen wird. Will man sich einer neuen Aufgabe ganz öffnen, will man ganz bei der Sache sein, dann muss man sich zunächst von dem, was man bis dahin gemacht hat, lösen und sich auf sich selbst besinnen. Das ist ein meditativer Akt, bei dem man innehält, vielleicht die Augen schließt, tief ein- und ausatmet und Gott dafür dankt, dass man lebt und sich einbringen darf in die Begegnung mit einem anderen Menschen oder in eine andere Tätigkeit. Besonders geeignet für diesen Vorgang ist auch unser TrophoTraining (siehe dort), das auch dazu dient, sich Abstand zu verschaffen. Ein Geübter erreicht auf diese Weise rasch einen inneren Spannungsausgleich und braucht dafür nicht mehr Zeit als ein paar Atemzüge.

Als weiterer Schritt zur inneren Vorbereitung gehört die Hinwendung des Bewusstseins auf die bevorstehende neue Aufgabe oder Begegnung. Dazu ist es notwendig, sich klar zu machen, dass unser Schöpfer nicht irgendwo, sondern in uns wohnt, und dass jeder von uns infolgedessen ein „Tempel Gottes" ist. Tatsächlich verändert sich unser Umgang mit anderen Menschen ganz erheblich, wenn wir sie ebenso wie uns selbst als ein Heiligtum achten. Dabei ist es gleichgültig, wer der Mensch ist, der uns begegnet. Denn vor Gott sind wir alle gleichwertig, trotz unserer Verschiedenheit, Einzigartigkeit und unverwechselbaren Individualität.

Dennoch betonen wir unsere Verschiedenheit gerne voreinander. Unsere Verschiedenheit betrifft Alter und Gewicht, Geschlecht, Bildung, Erfahrung, Begabung, Besitz, Fleiß, Belastbarkeit usw. Bekanntlich sind wir auch keineswegs im Tode einander gleich, wenn man nur daran denkt, dass es Beerdigungen erster, zweiter und dritter Klasse gibt, dass man rühmlich oder unrühmlich sterben und in geweihter oder ungeweihter Erde begraben werden kann. Vor Gott aber sind wir in dem

Sinne gleich, dass er seine Sonne für alle gleichermaßen scheinen lässt und dass wir alle gleichermaßen auf Erlösung angewiesen sind.

Wer mit einem anderen Menschen ein Gespräch führt, sollte alle sonstigen Tätigkeiten unterbrechen, um für den Gesprächspartner ganz anwesend zu sein. Wenn sich bei der inneren Vorbereitung und der Kontaktaufnahme Schwierigkeiten oder Probleme einstellen, liegen die Ursachen fast immer auf der Seite des Betreuers. Oft spielt dabei sein Bedürfnis, geliebt und anerkannt zu werden, eine fatale Rolle, die im Kapitel *Übertragung* näher beschrieben wird. Die aus diesem Bedürfnis resultierenden Ängste eines Betreuers, den eigenen und den fremden Ansprüchen womöglich nicht zu genügen, sind die Ursache für verschiedene Kompensationsformen, für Techniken der Machtgewinnung, die zur Unterwerfung des Betreuten führen oder ihn zum Gegenstand wissenschaftlichen oder auch merkantilen Interesses machen.

Bei genauerer Betrachtung hat sich für uns herausgestellt, dass sich solche Ängste und ihre Folgen auf religiöse Probleme zurückführen lassen. In diesen Fällen ist sich der Betreuer selbst nicht sicher, dass Gott in seinem Herzen wohnt und dass er deshalb selbst ein Heiligtum ist und er sich somit selbst lieben und sein Leben führen darf. Folglich ist er sich auch in der Beurteilung des von ihm Betreuten nicht sicher, nämlich dass dieser allein schon deshalb seine Achtung verdient, weil auch er unseren Schöpfer repräsentiert.

Fazit: Der Beginn einer Begegnung legt den Grundstein für den weiteren Verlauf. Sie erfordert, insbesondere wenn man andere Menschen betreut, innere Vorbereitung: Selbstbesinnung, Gegenwärtigsein, Wachheit für die neue Aufgabe und die Bereitschaft, dem anderen als einem Kind Gottes sachkundig und warmherzig zu dienen.

Fehler bei einer solchen ersten Begegnung können daraus entstehen, dass der Betreuende nicht bei der Sache ist und sich noch nicht aus der vorhergehenden Aufgabe zurückgenommen hat. Oder dass er sich für klüger, für besser oder auch für minderwertiger hält als den Betreuten. Dass er versucht, eigene Macht und eigenes Ansehen geltend zu machen. Dass er versäumt, Gott im Herzen des Betreuten zu suchen, dass er den Betreuten zum Gegenstand seines wissenschaftlichen oder seines merkantilen Interesses oder anderer Bedürfnisse macht. Es kann leider auch vorkommen, dass er den Betreuten erniedrigt, ihn zu beherrschen oder auszunutzen sucht.

2 Die Wir- oder Gruppen-Bildung

Ein „Wir" – oder was das Gleiche bedeutet: eine Gruppe – bildet sich nur in Abgrenzung von anderen. Das heißt, dass eine Gruppe nur gegenüber einem Gegner entsteht, den die Gruppenmitglieder gemeinsam als ihren Gegner erkennen. Gegnerschaft in diesem Sinne hat im Allgemeinen nichts mit Feindschaft zu tun. Gemeint ist das Gegenüber, wie wir es von Sport und Spiel kennen. Hier ist mit dem Begriff Gegner einfach der andere oder das andere gemeint, wie beispielsweise auch Nöte und Schwierigkeiten, denen gegenüber sich die Gruppenmitglieder gemeinschaftlich abgrenzen und die sie gemeinsam überwinden wollen. Man spricht vom Brückenschlag zwischen den Gruppenmitgliedern, von der Errichtung einer gemeinsamen Kommunikationsebene, von Kompatibilität. Ein Gesangsverein beispielsweise bildet sich als Gruppe nur gegenüber den Nichtsängern. In einer Gemeinschaft, in der alle gern singen, bildet sich eine dagegen abgehobene Gruppe nur dann, wenn sie eine andere Gattung von Liedern singen will als die Übrigen. Auch eine politische Gruppe bildet sich nur dann, wenn sich Personen mit bestimmten Änderungsabsichten gegen bestehende Gepflogenheiten zusammentun.

Allen weiteren Schritten einer Zusammenarbeit im Beratungsbündnis wird die Wir-Bildung zwischen den Beteiligten vorangehen. Im Folgenden wird die Frage der Wir-Bildung für ein Betreuungsverhältnis erläutert, denn ein psychopädisch orientiertes Arbeitsbündnis sowie die Maßnahmen zur Sachverhaltsklärung, insbesondere die Arbeit am Umgangsverhalten des Betreuten, setzen eine vorhergehende tragfähige Wir-Bildung voraus. Die Frage, wer die Aufgabe der Wir-Bildung in einer Begegnung zu leisten hat, ist in diesem Falle völlig klar. Kraft Amtes ist die Wir-Bildung stets die Aufgabe des Betreuers. In einem Beratungsverhältnis gehen wir davon aus, dass der psychopädisch Geschulte aufgesucht wird, weil sich der Ratsuchende in einer seelischen Notlage befindet. In einer Notlage, die er gern überwinden möchte und gegen die er sich mit dem Betreuer verbünden will. Seine Notlage ist demnach genau das, was für die Wir-Bildung von Betreuer und Betreuten erforderlich ist: Sie ist der gemeinsame Gegner.

Oft wird eingewendet, dass es doch nur die gemeinsamen Ziele sein können, die zur Gruppenbildung führen. Bei genauer Betrachtung trifft dies nur dann zu, wenn das gemeinsame Ziel gegen jenen Gegner gerichtet ist, gegen den sich die Gruppe durch Abgrenzung bildet. Ein Beispiel soll diesen Vorgang veranschaulichen: Betrachten wir das Einzelabteil eines IC-Zuges, der von München über Stuttgart, Frankfurt nach Hamburg fährt. In München nehmen in einem der Abteile sechs Reisende Platz, die einander unbekannt sind. Einer steht abschiednehmend am Fenster. Ein anderer isst ein Brot. Einer liest eine Zeitung usw. Es handelt sich um ein Zusammentreffen von sechs Menschen zu gleicher Zeit am gleichen Ort. Außerdem können alle deutsch sprechen. Alle sind gesund. Keiner schläft. Wir haben damit Voraussetzungen für die Entstehung einer Gruppe gefunden, wie sie nicht günstiger sein könnten.

Der Zug setzt sich in Bewegung. Man hat sich einen guten Tag gewünscht. Einer der sechs Insassen war einem anderen behilflich, den Koffer zu verstauen. Ein anderer hat seinem Nebenmann seine Illustrierte zum Lesen angeboten: Dennoch ist trotz dieser Gemeinsamkeit bis jetzt kein Wir gebildet worden, noch keine Gruppe entstanden. Da öffnet der Schaffner die Tür und bittet um die Fahrausweise. Sechs Hände strecken sich ihm entgegen mit den gewünschten Belegen. Eine Dame hat Zuschlag nachzuzahlen. Noch immer ist keine Gruppe entstanden, obwohl der Schaffner aus den Fahrausweisen ersehen hat, dass alle sechs dasselbe Ziel haben, nämlich Frankfurt. Sie haben aber nicht nur dasselbe Ziel. Mehr noch! Sie haben für das Erreichen ihres Zieles bereits Mühen und Kosten auf sich genommen. Und es ist einleuchtend, dass sie sogar dann noch keine Gruppe geworden wären, wenn sie erfahren würden, dass sie alle bis Frankfurt reisen. Warum nicht? Weil sich noch keine Abgrenzung gegenüber einem Gegner, gegenüber einer gemeinsamen Schwierigkeit angeboten hat; deshalb sind die sechs Abteilinsassen noch nicht zu einem Wir, zu einer Gruppe zusammengewachsen.

Wenige Minuten später verlässt einer von den sechsen das Abteil. Das geschieht wie meistens wortlos. Seine Aktentasche liegt noch im Gepäcknetz. Er geht wer weiß wohin: durch den Zug, zur Toilette, in den Speisewagen oder wohin auch immer. Die Abteiltür ist wieder zu. Man ist zu fünft. Da kommt ein siebenter, öffnet die Tür, sagt: „Guten Tag!" und setzt sich wortlos auf den leeren Platz. Da geschieht es! In den fünfen entsteht eine Gewissheit, deren Inhalt man mit den Worten ausdrücken könnte: Der da gehört nicht zu uns! Das Wort „uns" ist das Signal dafür, dass ein Wir entstanden ist, d.h. dass sich eine Gruppe gebildet hat. Hier sind wir, und dort ist der andere! Daraus folgt: Gruppen entstehen nur durch Abgrenzung gegenüber einem gemeinsamen Gegner.

Nun lassen sich in der soeben entstandenen Gruppe gewisse Funktionen und Rollen erkennen, die – unter den Gruppenteilnehmern dynamisch austauschbar – für jede Gruppe typisch sind. Sie werden mit den Buchstaben des griechischen Alphabets gekennzeichnet: Da ist der *„Alpha"* als Träger der gegen den „Gegner" gerichteten Aktion. Es ist derjenige, der dem siebenten sagt: „Mein Herr, der Platz ist besetzt!"

Dann ist da der *„Beta"*. Das ist der Ideologe, der Sachverständige, der das Handeln von Alpha mit positiven Wertungen begleitet. Er ist die rechte Hand des Alpha. Er wendet sich dem Alpha zu und meint: „Wie gut, dass Sie ihn gleich darauf hingewiesen haben!"

Darüber hinaus gibt es noch die *„Gammas"*. Das sind die Mitläufer. Die nicken nur und machen vielleicht: „Hm, hm!" und verleihen dadurch dem Alpha gewichtigere Bedeutung.

„Omega" schließlich, auch Sündenbock oder Prügelknabe genannt, ist eine Art Außenfühler. Er vertritt in der Gruppe das Anliegen des Gegners. Er sagt beispielsweise: „Lassen wir den Herrn doch so lange hier sitzen, bis der andere wiederkommt!"

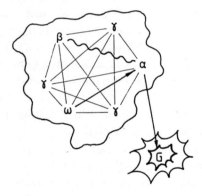

Gruppendynamische Funktionen:	α = alpha	= Träger der gegen den Gegner gerichteten Aktion
	β = beta	= Berater des alpha (Ideologe)
	γ = gamma	= Mitläufer
	ω = omega	= Außenfühler (Prügelknabe), in Opposition zu alpha
	G = Gegner der Gruppe	

Diese Erkenntnisse, die unter den Begriff „Wir Bildung" und „Gruppendynamik" zusammengefasst werden, haben große Bedeutung, nicht nur für die psychopädische Arbeit. Denn hieraus ergibt sich für den Betreuer als eine erste praktische Konsequenz, dass auf dem Weg zu einer Wir-Bildung mit dem Betreuten nach der inneren Vorbereitung seine nächste Aufgabe in Gegnerfahndung besteht. Wir gehen – wie schon gesagt – davon aus, dass der Betreute den Betreuer aufsucht, weil er sich in einer Notlage befindet, die er gern überwinden möchte. Diese unterstellte Notlage ist es, die sich für die erforderliche Wir-Bildung als möglicher gemeinsamer Gegner anbietet.

Unter diesem Aspekt gesehen stellt sich heraus, dass die alltägliche Frage „Wie geht es Ihnen?" als Fahndung nach einem möglichen gemeinsamen Gegner und damit als Angebot für eine eventuelle Wir-Bildung mit dem Angeredeten angesehen werden kann. Weitere Fragen mit dem gleichen Ziel sind beispielsweise: „Was führt Sie zu mir?", „Was ist Ihr Anliegen?", „Was haben Sie für Kummer?" „Woran leiden Sie?" usw. Darauf hat der Betreute mitgeteilt, was ihm Sorgen, Nöte oder Schmerzen bereitet und damit eine für die Gegnerposition geeignete Not benannt. Der unmittelbar folgende nächste Schritt besteht darin, sich in diese Not einzufühlen, sie sich bildhaft vor Augen zu führen, und sich dann mit dem Betreuten gegen diese Not zu verbünden und sie damit zum gemeinsamen Gegner zu machen.

Das geschieht durch drei Schritte, nämlich dass erstens der Betreuer sich lebendig vor Augen führt, was jene Not für den Betreuten bedeutet, dass er zweitens den Betreuten lieb gewinnt und Mitgefühl für ihn entwickelt und dass er drittens dem Betreuten sein Mitgefühl zeigt, d.h. dass er ihm seine Anteilnahme bekundet. Es genügt aber nicht, etwa zu sagen: „Ich verstehe, dass Sie es schwer haben!", sondern beispielsweise: „Ich fühle mit Ihnen, dass Sie es schwer haben!"

Erst das zum Ausdruck gebrachte Mitgefühl verbindet und verbündet den Betreuer mit dem Betreuten gegen jene Not, die so zum gemeinsamen Gegner geworden ist. Damit ist ein erstes „Wir" als eine gemeinsame Kommunikationsebene, als ein Brückenschlag von Mensch zu Mensch entstanden. Allerdings haben nur aufrichtige Anteilnahme und Zuneigung bündnisstiftende Kraft. Sind sie unecht und werden sie ohne lebendiges Mitgefühl routinemäßig geäußert, dann fühlt sich der Betreute zu Recht veralbert, zurückgestoßen und erniedrigt. Deshalb ist für den Betreuer von besonderer Wichtigkeit, sich immer wieder vor Augen zu führen, dass der Betreute gekommen ist, weil er leidet, weil er vielleicht Angst hat, weil er – kurz gesagt – in Not ist. Erst dann, wenn der Betreuer sich darin einfühlt, dass der Betreute etwas Leidvolles durchmacht, hat der Satz „Da machen Sie ja was durch" Wir-bildende Wirkung.

Fazit: Durch die vom Betreuer geäußerte emotionale Anteilnahme wird die Not des Betreuten zum gemeinsamen Gegner gemacht. Damit ist eine erste Wir-Bildung vollzogen.

3 Missverständnisse, gruppendynamisch betrachtet

Bei jeder Form von Zusammenleben oder Zusammenarbeit, insbesondere auch in jeder Gruppe, gibt es zwischen den Beteiligten von Zeit zu Zeit Missverständnisse und Schwierigkeiten. Sie dürfen nicht grundsätzlich negativ bewertet werden. Im Gegenteil! Sie bereichern unser Leben. Denn sie sind geeignet, uns wachzurütteln und uns herauszufordern, sie zu überwinden. Werden sie jedoch nicht rechtzeitig ernst genommen und ausgeräumt, können sie die weitere Zusammenarbeit erheblich behindern.

Bei der Beschreibung der Funktionen und Rollen, die innerhalb einer Gruppe entstehen und unter den Gruppenteilnehmern austauschbar sind, war von Alpha, Beta, Gamma, Omega die Rede. Um ein Beispiel vom Rollenwechsel zu geben, sei ein Besuch beim Zahnarzt gewählt. Angenommen, ein flüchtiger Zahnschmerz weckt in mir den Verdacht auf eine Karies. Ich gehe zum Zahnarzt, um in ihm einen sachverständigen Verbündeten zu gewinnen. Gruppendynamisch formuliert heißt das: Die Karies wird von mir als Gegner aufgefasst, gegen den ich mich mit dem Zahnarzt verbünde. Indem ich zum Zahnarzt gehe, befinde ich mich in der Alpha-Rolle und versuche, den Zahnarzt für die Beta-Rolle zu gewinnen. Aus dem Grad seiner Anteilnahme ergibt sich die Tragfähigkeit unseres „Wir". Jedenfalls sind wir beide, während ich auf dem Behandlungsstuhl sitze, als eine gegen meine Karies abgegrenzte Gruppe zu verstehen. Ich befolge seine Weisung, den Mund schön weit aufzumachen und den Kopf ein wenig zur Seite zu drehen.

Aber kaum entsteht beim Ausbohren der Karies jener bekannte, ziehende Schmerz, da bemerken wir beide, mein Beta (der Zahnarzt) und ich, dass sich mein Mund mehr und mehr schließt, mein Kopf sich ein wenig abwendet und meine Faust die Magengrube des Zahnarztes anpeilt. Dies alles bleibt natürlich nur angedeutet. Aber es genügt, dass der Zahnarzt, in den gruppendynamischen Jargon übersetzt, zu mir sagt: „Lieber Alpha, ich dachte, ich soll Ihr Beta sein! Warum katapultieren Sie mich in die Gegnerposition und verbünden sich mit der Karies? Korrigieren Sie das bitte!" Daraufhin stelle ich unverzüglich die vereinbarte Rollenordnung wieder her, öffne brav den Mund und erlebe, dass es nicht bei dem einen eben geschilderten Ausbruchsimpuls bleibt, wenngleich ich mir nun nichts mehr anmerken lasse.

Dieses Beispiel soll zeigen, dass sich auch zwischen dem Betreuten, der sich vernünftigerweise überwiegend in der Alpha-Funktion befindet, und dem Betreuer, seinem Beta, Konflikte ergeben können, in denen beide vorübergehend füreinander in eine Gegnerposition geraten.

Ein anderes Beispiel zeigt eine Familiensituation. Der Vater hat eine wichtige Arbeit zu erledigen. Sein sechsjähriges Kind stört ihn dabei. Er bittet seine Frau um Hilfe. Gruppendynamisch gesehen handelt es sich darum, dass der Vater sich in der Alpha-Rolle mit seiner Frau verbünden will, indem er ihr die Beta-Rolle anträgt. Aber nun passiert es: Die Frau übernimmt nicht die Beta-, sondern die Omega-Rolle. Das heißt, sie verbündet sich mit dem Kind und sagt: „Du musst schließlich auch mal mit dem Kind spielen. Du hast sowieso immer zu wenig Zeit für das Kind!" Nun steht es auf des Messers Schneide, ob der Vater, der sich durch den Beta-/Omega-Wechsel seiner Frau verletzt und gekränkt fühlt, nunmehr in ihr seinen Gegner sieht und Streit beginnt oder ob er diesen Schritt unterdrückt und stattdessen womöglich autodestruktiv reagiert, indem er beispielsweise sich ärgert und sauer wird, oder ob er einlenkt, den Einwand ernst nimmt und sich dem Kind zuwendet.

Der Beta-/Omega-Wechsel ist ein häufiger Anlass für ernste Zerwürfnisse, so dass es sich lohnt, auf ihn zu achten. Mit beiden Beispielen wird belegt, dass es auch in den intakten Gruppen zur Vielfalt des Lebendigen gehört, dass die Beteiligten miteinander in Konflikte geraten. Folglich müssen auch die Betreuer damit rechnen, dass sie nicht von Konflikten verschont bleiben, die sich bei ihrer psychopädischen Arbeit ergeben.

Die Kommunikation kann sowohl auf emotionalem Gebiet als auch auf dem Gebiet sachlicher Vorstellungen gestört oder unterbrochen sein. Die Konflikte beruhen dann darauf, dass beide Seiten in ihrem Erkennen, Fühlen und Handeln von unterschiedlichen Voraussetzungen ausgehen in der irrigen Überzeugung, miteinander übereinzustimmen (siehe auch Kapitel *Übertragung*).

Ein Beispiel: In einer Ehe kommt es dadurch zum Konflikt, dass die Frau, die sich gerade besonders fröhlich und ausgelassen fühlt, die Hände des Mannes ergreift und ihn mit ein paar Tanzschritten durch den Raum wirbelt. Der Mann hingegen ist gerade dabei, sich gedanklich um die Lösung eines von ihm als wichtig erachteten Problems zu bemühen. Durch diesen „Überfall" fühlt er sich ausgesprochen gestört und geärgert und in seinem Gedankenfluss unterbrochen. Er reißt sich los, schimpft und reagiert offensichtlich verstimmt, was nun wiederum zu einer Verstimmung der Frau führt. Die Ursache des Konflikts besteht in dem brüsken Zusammenprall unterschiedlicher gefühlsmäßiger Gestimmtheiten.

Ein anderes Beispiel: Eine Frau kommt von einer Reise zurück. Der Zug kommt um 18.55 Uhr am Hauptbahnhof an. Ihr Ehemann freut sich auf ihre Rückkehr, will sie von der Bahn abholen und mit ihr gemeinsam essen gehen. Aber er nimmt irrtümlicherweise an, dass der Zug erst um 19.30 Uhr eintrifft. Als er am Bahnhof ankommt, sind die Reisenden schon alle aus dem Bahnhof heraus. Er vermutet, dass sich seine Frau auf dem Heimweg befindet. Also fährt er zurück, um sie nun zu Hause anzutreffen. Seine Frau hatte sich auf das Wiedersehen am Bahnhof besonders gefreut, weil er ihr fest zugesagt hatte, sie dort abzuholen. Sie ruft zu Hause an, aber niemand meldet sich. Sie ist nun enttäuscht und sehr verstimmt. Deshalb geht sie nicht unmittelbar nach Hause, sondern besucht ihre in der Nähe des Bahnhofs wohnende Freundin. So vergehen zwei Stunden, bis das Ehepaar wieder zusammentrifft. Wie es weitergeht, können Sie sich sicher denken: Beide überschütten sich gegenseitig mit Vorwürfen. An ein gemeinsames gemütliches Abendessen ist nicht mehr zu denken. Die Ursache des Konflikts liegt in unterschiedlichen Annahmen, die zu auseinander driftenden Reaktionen führen.

Solche Konflikte können glücklicherweise dadurch ausgeräumt werden, dass die Beteiligten sich sobald wie möglich Rückmeldungen geben. Und zwar Rückmeldungen sowohl auf der Gefühls- als auch auf der Sachebene, um über diesen Weg die aufgekommenen Missverständnisse zu berichtigen.

4 Das aktive Zuhören und die Ich-Botschaft

Für eine erfolgreiche Konfliktbearbeitung stehen dem psychopädisch geschulten Betreuer Eingreiftechniken zur Verfügung, von denen zwei hier beschrieben werden sollen. Beide Vorgehensweisen beruhen auf der Vorstellung, dass die meisten Konflikte das Ergebnis mangelhafter Kommunikation bei nicht ausreichender Wachheit bzw. Achtsamkeit sind. Thomas Gordon hat diese beiden Interventionstechniken als „Ich-Botschaft" und als „Aktives-Zuhören" in seinem Buch *„Lehrer-Schüler-Konferenz"* anschaulich beschrieben.

Die Rückmeldung, welche *Vorstellungen* der Betreute im Betreuer bewirkt hat, wird „Aktives Zuhören" genannt. Sie beginnt beispielsweise mit den Worten: „Verstehe ich Sie richtig? Sie meinen also, dass ..." Gilt die Rückmeldung dagegen den *Gefühlen*, die der andere mit seinem Verhalten in Wort und Tat in mir hervorgerufen hat, wird dies dort als Ich-Botschaft bezeichnet. Sie lautet beispielsweise: „Wenn Sie zu unseren Verabredungen immer zu spät kommen, dann macht mich das traurig!" Oder: „Ich werde ärgerlich und gereizt, wenn Sie mir ständig ins Wort fallen." Aktives Zuhören und Ich-Botschaft zeigen dem anderen die Wirksamkeit seines Verhaltens und seiner Worte. Er erfährt dadurch, welche Folgen sie hervorgerufen haben, und erhält die Möglichkeit, etwaige Missverständnisse unmittelbar zu berichtigen und ggf. Kränkungen auszuräumen.

Es liegt im Wesen psychopädischen Vorgehens, dass in einer Betreuung der Betreuer auftauchende Konflikte grundsätzlich dadurch anspricht, dass er den oder – wenn sie in der Mehrzahl sind – die Betreuten über die von ihnen verursachte „Wetterlage" in seiner Gefühlswelt rückmeldend informiert und dass er zweitens mitteilt, wie er ihre Äußerung verstanden hat und noch versteht, verbunden mit der Frage, ob er sie wohl recht verstanden habe.

Ein Beispiel: Während der Sitzung eines Kollegiums wird es mit einem Mal unruhig, weil einzelne Teilnehmer mit ihren Nachbarn Gespräche beginnen, so dass der Betreuer fast seinen roten Faden verliert, weil er bei zunehmender Ärgerlichkeit den Eindruck hat, vor tauben Ohren zu reden. Er könnte mit der Tischglocke läuten oder – so ist ihm – mit der Hand auf den Tisch hauen und lauter sprechen. Das wäre ein hierarchischer Einsatz äußerer Macht.

Demgegenüber bestünde psychopädisches Vorgehen mittels Ich-Botschaft und aktivem Zuhören beispielsweise darin, dass er den Teilnehmern zuruft: „Meine Damen und Herren! Verstehe ich Ihre Unruhe so richtig, wenn ich annehme, dass Sie jetzt gerne eine Pause einschalten möchten?" Eventuell fügt er noch hinzu: „Mich macht es ärgerlich und konfus, wenn Sie sich jetzt miteinander unterhalten." Nach einer daraufhin vereinbarten Pause arbeiten alle wieder konzentriert mit.

In einem anderen Beispiel wünschen zehn Schüler einer Klasse ein Gespräch mit ihrem Klassenlehrer, um ihm ein Problem vorzutragen. Er begrüßt sie mit den Worten: „Ich freue mich, dass ihr zu mir kommt! Aber es beunruhigt mich, dass ihr gleich zu zehnt anmarschiert. Ich habe den Eindruck, ihr möchtet irgendetwas mit Nachdruck durchsetzen. Kommt herein!"
Die zehn: „Ja. Wir wollen beim Schulausflug lieber in den Zoo als in den Wald gehen!"
Lehrer: „Ist es richtig, dass ihr es für wichtiger haltet, die verschiedenen Tiere kennen zu lernen als im Wald zu spielen?"
Die zehn: „Nein. Es gibt im Zoo einen großen Spielplatz mit vielen Geräten und einen Erfrischungskiosk. Und außerdem kann man dort auf Elefanten, Kamelen und Ponys reiten."
Lehrer: „Eine gute Idee. Ich will sehen, dass sich das machen lässt."

Deutlich wird hierbei auch der Unterschied zur kühlen „Aha-Technik" des ungerührt bleibenden Datenschluckers, der jede Information einspeichert, mit „Aha" quittiert und zum Weitersprechen auffordert. Gordon beschreibt weitere typische Erschwerungen der zwischenmenschlichen Kommunikation, die er als „Straßensperren" bezeichnet. Dazu gehören Vorwürfe, abwertende Äußerungen über den Betreuten selbst oder über seine Worte und Werke, ferner Handlungsanweisungen, Ratschläge und dgl. mehr.

In der „Ich-Botschaft" wird mitgeteilt, welche Gefühle der andere in mir ausgelöst hat. Beim „Aktiven Zuhören" teile ich dem anderen mit, wie ich ihn verstanden habe. Beides sind Rückmeldungen zur Herstellung oder Wiederherstellung einer gemeinsamen Kommunikationsebene.

Im Laufe der Arbeit mit diesen Techniken hat sich gezeigt, dass Ich-Botschaften gerne dazu benutzt werden, um unter Hinweis auf die eigene beeinträchtigte Gefühlslage den anderen dazu zu bringen, sich dahingehend zu ändern, dass ich so bleiben kann, wie ich gerade bin, und mein Problem durch die Verhaltensänderung des anderen gelöst wird. Vorteilhafter hingegen wäre es, diese, durch das Verhalten des anderen in mir ausgelösten Gefühle bei mir zunächst wahrzunehmen und dann wiederum bei mir selbst zu klären. Dies erfolgt psychopädisch durch Einnehmen einer anderen Betrachtungsebene und ggf. durch Ändern der eigenen Verhaltensweisen.

Im Kapitel *Warum Ich ...* haben wir gezeigt, was passieren kann, wenn wir andere ändern oder zu einer Veränderung ihres Verhaltens bewegen wollen, nämlich dass dies oft die Konflikte eher ver- denn entschärft, besonders wenn es darum geht, bei uns selbst liegende Probleme mit Hilfe von Veränderungen bei dem anderen zu lösen. Allerdings kann es gerade in einer Betreuung oder einer psychopädischen Selbsthilfegruppe für den Hilfesuchenden wichtig sein, dass er erfährt, welche Gefühle er durch sein Verhalten in dem Berater bzw. den anderen Gruppenmitgliedern auslöst. Zu einer wahrheitsgemäßen Antwort verpflichtet, können die anderen dem Ratsuchenden stellvertretend für den Alltag zeigen, warum andere auf ihn in einer zuvor für ihn unverständlichen Weise reagieren.

5 Mitgefühl und Selbstmitleid

Eine vorbeugende Art der Konfliktvermeidung und damit wichtige Voraussetzung für ein Miteinander ist der Brückenschlag der Wir-Bildung. Intaktheit und Tragfähigkeit der Brücke, die Menschen miteinander verbindet, sind stets vorrangig gegenüber dem formalen Inhalt von Informationen, die über diese Brücke hinüber und herüber transportiert werden.

Zur Aufrechterhaltung und Stabilisierung dieser Brücke in einer Betreuung ist zweierlei erforderlich, einmal die immer wieder aufzufrischende Erinnerung an die Notlage des Ratsuchenden, d.h. an den Anlass der Zusammenarbeit und an das darauf beruhende Arbeitsbündnis; zum anderen Empathie, d.h. das immer wieder zum Ausdruck gebrachte Mitgefühl des Betreuers.

Als eine wichtige Voraussetzung für ein erfreuliches Miteinander in einem Wir mit positivem Wir-Gefühl gilt es, dem anderen Empathie entgegenzubringen, d.h. immer wieder sein Mitgefühl zum Ausdruck zu bringen. Dies gilt in besonderem Maße bei Betreuungen. Eher Mitgefühl als Mitleid, denn Mitgefühl ist umfassender. Es schwingt nicht nur bei Leid, sondern auch bei anderen Gefühlen wie Freude, Angst, Glück, Zorn usw. mit.

Von Mitleid gibt es im Gegensatz zum Mitgefühl auch abwegige Formen, die hier natürlich nicht gemeint sind. Dabei handelt es sich dann beispielsweise nicht darum, das Leid eines anderen zu teilen, sondern, wie jemand einmal trefflich bemerkt hat, „um einen Vorwurf gegen die Liebe Gottes". Es geht dann um ein Gekränkt-sein, nicht um das Mittragen von Schmerz und Leid. Es geht darum, in den vorwurfsvollen Jammer einzustimmen: „Wie konnte das nur passieren! Warum gerade mir?"

Damit sind wir beim neurotischen Selbstmitleid angelangt, einer typisch autodestruktiven Haltung: Der von einer Frustration Betroffene fühlt sich in seinem Stolz (narzisstisch) gekränkt. Er erwartet in kindischer Manier, dass er von anderen geliebt, bevorzugt und begünstigt wird. Er erwartet das auch von Gott. Hat er nun irgendwo den Kürzeren gezogen, schmollt er, fühlt sich als Opfer und ist eingeschnappt. Gleichzeitig fühlt er sich außerstande, das Notwendige zu tun. Er appelliert an diejenigen, denen er die Schuld gibt für seine eigene Untätigkeit. Er gibt anderen die Schuld dafür, wenn er versagt und seines Erachtens zugrunde gehen „muss". Die Umwelt wird schon sehen, was sie davon hat, wenn er vor die Hunde geht.

Gesundes Mitleid oder eben besser Mitgefühl dagegen setzt sich um in ein Handeln mit dem Ziel, die Not zu wenden und die Frustration zu überwinden. Gesundes Mitleid verbündet die Helfer mit dem Betroffenen gegen die erlittene oder drohende Not, die damit zum gemeinsamen Gegner wird und so die Gruppenbildung zwischen dem Leidenden und seinen Helfern fördert.

Ein Psychopäde lernt im Zuge seiner zur Ausbildung gehörenden Selbsterfahrung auch neurotisches Selbstmitleid kennen. Er arbeitet daran, es durch echte, zum Handeln bereite Anteilnahme zu ersetzen. Dem Sinn nach sei an den Baum der Erkenntnis im Paradies erinnert, von dem es in der biblischen Geschichte heißt, dass der Genuss seiner Früchte verboten ist, so lange er nicht von Gottes Liebe gesegnet wurde.

Mitgefühl ist vordringlicher und wichtiger als Verständnis.

Ein Beispiel: In einem Jugenddorf steht ein Betreuer mit einem Kollegen und einem 17jährigen Auszubildenden vor der Haupteingangstür. Der Jugendliche gilt als erheblich verhaltensgestört. Er ist in jeder Hinsicht aufsässig und nicht willens, die gegebene Ordnung zu respektieren. Körperlich kräftig gilt er als Schlägertyp. Er ist gerade wieder einmal wütend und schlägt mit seiner Faust die Glasscheibe der Eingangstür ein. Dabei erleidet er tiefe Schnittverletzungen in seinem rechten Unterarm mit Spritzblutung. Der Betreuer springt hinzu, bindet den Arm ab und setzt sich mit dem Verletzten in einen zufällig bereitstehenden Pkw. Beide werden von einem Jugendleiter ins Krankenhaus gefahren. Der Verletzte sagt nichts. Schmerzlaute unterdrückt er.

Der Betreuer fragt sich, was er jetzt sagen soll. In ihm drängt sich eine Stimme vor, die vorschlägt: „Es hätte noch schlimmer kommen sollen, damit du endlich lernst, nicht solchen Mist zu machen!" Aber er spricht es nicht aus. Er denkt an sein psychopädisches Training und bemüht sich, sich innerlich vorzubereiten. Schließlich sagt er: „Es tut mir Leid, dass du dich verletzt hast. Dein bester Freund bist du jedenfalls nicht gewesen!"
Jugendlicher: „Wie meinen Sie das?"
Betreuer: „Dann hättest du einen Stein genommen und nicht deine Faust!"
Man ist angekommen. Das Gespräch ist zu Ende. Wochen später, als der junge Mann längst wieder im Jugenddorf war, in dem er seit diesem Ereignis überra-

schenderweise keine Schwierigkeiten mehr gemacht hatte, fragte ihn der Betreuer, was denn seinen Sinneswandel herbeigeführt habe.

Der Jugendliche antwortete überrascht darauf: „Das wissen Sie nicht? Als Sie mich auf dem Weg zur Rettungsstelle darauf hingewiesen haben, dass ich im Grunde gegen mich selbst wüte, ist mir ein Licht aufgegangen. Und als Sie sagten, ich hätte lieber einen Stein nehmen sollen, da war es das erste Mal in meinem Leben, dass jemand mir nicht gedroht hat, nicht über die Tür, nicht über die Scheibe und nicht über die Kosten lamentiert hat. Sondern da war jemand, nämlich Sie, dem ich wichtiger war als der ganze Kram. Das hat mich irgendwie aufgeweckt und mein Leben verändert."

Da Worte unsere Verständigung erleichtern, aber auch zu Missverständnissen führen und auch Beschädigungen bewirken können, gilt es, seine Wortwahl zu bedenken. Auf einige spezielle Problematiken weisen wir im nächsten Kapitel hin.

6 Der psychopädische Wortgebrauch

Im psychopädischen Training wird darauf geachtet, im Gespräch das unpersönliche Wörtchen „man" durch „ich" oder durch Nennung der gemeinten Personen zu ersetzen. Das Wörtchen „man" führt anonyme Personen in das Gespräch ein, denen die psychopädische Bemühung nicht gilt. Im psychopädischen Gespräch geht es ausdrücklich nur um den Betreuten, mit dem der Betreuer verbündet ist. Wenn der Betreute also ausführt: „Man sagt ...!", dann fragt der Betreuer zurück: „Wer sagt, Sie? Und wenn nicht Sie? Was sagen denn Sie zu dieser Sache? Wir arbeiten hier nur daran, wie Sie sich zu dieser Angelegenheit einstellen." Das Wörtchen „man" stellt in der Regel eine Verallgemeinerung dar.

Jeder kann sich dahinter verstecken und sich seiner eigenen Verantwortlichkeit entziehen. Statt den unpersönlichen Standpunkt zu vertreten: „Man frühstückt um acht", lernt er sich selbst einzubringen und zu formulieren: „Ich möchte um acht Uhr frühstücken." Statt „man ist der Meinung, dass ..." übt der Betreute „Ich bin heute der Meinung ..." oder „mein Bruder, meine Mutter, der Vereinsvorsitzende ist der Meinung ..." Es geht um Greifbares, Konkretes, das nur zu gern hinter dem „man sagt" eingenebelt und versteckt wird.

Das Wort „eigentlich" weist auf dahinter liegendes Uneigentliches hin und sollte besonders kritisch beachtet werden. Auch Formulierungen wie: „Ich würde der Meinung sein, würde sagen" usw. sind, wie alle Möglichkeitsformen, Verdünnungen und Abschwächungen unserer Standpunkte, unserer Verantwortung und insbesondere auch unserer Bitten.

Bitten ist eine ebenso wichtige Äußerung im Zusammenleben wie das Danken.

Vom richtigen Bitten
Das Bitten ist eine fundamentale Antriebsäußerung, hinter der der Bittende mit seiner ganzen Persönlichkeit stehen sollte. Eine Bitte kann freundlich, höflich und in aller Artigkeit vorgetragen werden. Es kann heißen: „Bitte, mein Schatz, sei so freundlich und reiche mir die Butter!" Dann bleibt es immer noch eine konkrete Bitte. Endet die Formulierung dagegen mit einem Fragezeichen, dann ist es schon keine Bitte mehr. Wenn daraus aber wird: „Würdest du mal eben so freundlich sein

und mir die Butter reichen?" oder: „Könntest du mir mal die Butter geben?", dann sind die Bitten umgewandelt in eine Frageform, in eine Möglichkeitsform und weiter abgeschwächt in eine konditionale Form, die den anderen in versteckter Weise dazu auffordert, seinerseits noch *Bedingungen* an die Erfüllung der Bitte zu knüpfen. (Antwort: „Wenn du dies oder jenes machst, dann werde ich es erfüllen.") Hinter diesen aufgeweichten Formen verbergen sich in der Regel Erwartungshaltungen und Riesenansprüche: Der andere hätte das Gewünschte rechtzeitig und ausreichend bereitstellen müssen, bevor die Frage oder die Bitte überhaupt geäußert wurde.

Vorwürfe
Die mit einer Schlaraffenlandmentalität vergleichbaren Riesenerwartungen und Riesenansprüche sind eng verschwistert mit einer Vorwurfshaltung. Deshalb wird in der Psychopädie von Anfang an besonderer Wert darauf gelegt, dass der Betreute Vorwürfe dadurch zu vermeiden lernt, dass er seine Wünsche in Bitten umwandelt und ausspricht. Statt vorwurfsvoll zu sagen: „Kannst du denn nicht die Tür hinter dir zumachen?" heißt die konkrete Aufforderung: „Bitte schließe die Tür!" Schon die Formulierung: „Mache doch bitte die Tür hinter dir zu!" enthält in dem Wort „doch" bereits einen Vorwurfsanteil; das heißt, der Wunsch wurde nicht rechtzeitig in eine Bitte umgewandelt. Deshalb wurde aus der nicht erfüllten Erwartung ein Vorwurf. Vorwürfe sind sozusagen vergammelte Bitten. Sie führen immer zu Verstimmungen, weil sie auf Versäumnisse zielen, die in der Vergangenheit liegen, so dass sie durch die nachgeholte Handlung nicht ausgeräumt werden können. „Jedes Mal, wenn du reinkommst, lässt du die Tür offen stehen!" Wenn der Angeredete daraufhin die Tür schließen sollte, bleibt die Anschuldigung gegen ihn, dass er in dieser Beziehung nachlässig ist, ungemindert bestehen.

Es liegt auf der Hand, dass es für den Psychopäden, insbesondere auch aufgrund seiner Vorbildfunktion gegenüber seinen Betreuten, wichtig ist zu trainieren, sich gegenwartsbezogen auszudrücken. So wie es heißt: „Euer Wort sei Ja oder sei Nein!"

Im heutigen Zustand der Gesellschaft und ihrer in dieser Beziehung aufgeweichten Sprechweise fällt es dem Ungeübten kaum auf, dass tief greifende und folgenschwere Unterschiede bestehen zwischen „Könnten Sie mir vielleicht sagen, wie spät es ist?" und: „Bitte sagen Sie mir, wie spät es ist!", zwischen: „Ich mache mir schwere Sorgen wegen des Zustandes von Vater!" und: „Vaters Zustand macht mir schwere Sorgen!", zwischen: „Ich zerbreche mir den Kopf wegen jenes Problems!" und: „Jenes Problem bereitet mir Kopfzerbrechen!", zwischen: „Ich möchte Ihnen gratulieren!" und: „Ich gratuliere Ihnen!", zwischen: „Dürfte ich mal vorbeigehen?" und: „Bitte lassen Sie mich vorbeigehen!" usw.

Das Bitten scheint heutzutage unter besonders starkem Verdrängungsdruck zu stehen. Deshalb gehört es zum psychopädischen Training, Bitten zu üben. Die richtige Bitte wird eingeleitet mit Anrede und Anblicken des Angeredeten. Dann wird in einer kleinen Pause abgewartet, ob er die Anrede bemerkt hat und zuhört. Dann erst wird die Bitte geäußert.

Wenn diese Übung geläufig geworden ist, werden die Bitten in die Dreiheit von Loben, Danken, Bitten eingefügt. Beispiel: „Schön, dass du gekommen bist (Lob); ich danke dir für die schönen Blumen, deinen Brief, deinen Anruf, deine Erledigung, deine Erinnerung usw. (Dank); bitte hilf mir bei der Durchsicht der Bilder, beim Tischdecken, bei dem Konzept für meinen Vortrag" usw. (Bitte).

Vorwürfe sind vergammelte Bitten. Bitten enden mit einem Ausrufezeichen. Sie sind am erfolgreichsten in der Gesellschaft von Lob und Dank.

Versuchen
Das Wort „versuchen" beinhaltet neben dem Wunsch nach Aktivität zugleich die Möglichkeit des Nichterreichens des Ziels. Es ist somit eine Möglichkeitsform, die jedoch dazu führt, nicht mit hundertprozentigem Einsatz eine Sache zu machen, da das Scheitern als Möglichkeit mit in die Überlegung eingeht. Besser ist es, eine Sache einfach zu tun. Funktioniert sie dann nicht, wird man es früh genug merken.

Sollen
Häufig benutzen Menschen die Aussage: „Was soll ich denn tun?" Dies beinhaltet die Frage an einen anderen bis hin zu Gott, was dieser Klügere, mit mehr Überblick, für mich jetzt für richtig hält und entbindet mich davon, selbst zu überlegen. Es handelt sich also um eine kindliche, eine abhängige Ausdrucksform. Ein Erwachsener will oder möchte zu Lösungen kommen und ist selbst bereit, dafür Aktivitäten einzubringen.

7 Vorurteile

Der Betreuer sollte auch auf diverse Vorurteile, die der Betreute in allerlei Redensarten hervorbringt, achten. Er sagt beispielsweise: „Dicke Leute sind gemütlich!", „Frauen bzw. Männer wollen nichts anderes als …", „Ärzte, Lehrer, Pfarrer sind Vorbilder!", „Kinder sind lieb!" oder: „Kinder sind Ballast" usw. Solche generalisierenden Verallgemeinerungen der Wirklichkeit dürfen nicht unbearbeitet bleiben. Mit Hilfe konkreter Einfälle werden sie von Fall zu Fall belegt oder aufgehoben, was im Übrigen zum Standardvorgehen im Neurolinguistischen Programmieren (NLP) gehört. Bei uns ist das ein Teil der sog. Realitätsprüfung. Dabei hat der Betreuer vor allem auch auf seine eigenen Gefühle zu achten, die in ihm durch den Betreuten ausgelöst werden. Meistens ist es erforderlich, dem Betreuten diese Gefühle mitzuteilen, damit er im Sinne der Realitätsprüfung auch in dieser Beziehung genau erkennt, woran er ist, wie er auf den anderen wirkt und inwieweit dies mit seinen Absichten übereinstimmt oder ihnen zuwiderläuft.

Außerdem kann die Rückmeldung über die durch den Betreuten im Betreuer ausgelösten Gefühle als Ich-Botschaft erforderlich sein. Besonders wichtig ist, dass der Psychopäde bei sich selbst kontrolliert, ob in ihm Wünsche aufflackern, vom Betreuten geschätzt und begehrt zu werden. Falls dies der Fall sein sollte, liegt eine so genannte Gegenübertragung vor.

8 Gebet, Meditation

„Man sollte nicht ängstlich fragen: Was wird und kann noch kommen? Sondern sagen: Ich bin gespannt, was Gott jetzt noch mit mir vorhat." – Selma Lagerlöf

Da auch der Mensch Teil von ihn übergreifenden Ganzheiten ist, hängt die Gesundheit eines Menschen nicht allein davon ab, ob er sich in Abgrenzung von anderen seiner Natur gemäß entwickelt, lebt und handelt, sondern auch davon, ob dies gleichzeitig in einer bewussten Harmonie mit den ihn übergreifenden Ganzheiten geschieht, die durch ihn repräsentiert werden.

Betrachten wir als Vergleich ein Orchester. Zunächst einmal sollte jeder Musiker sein Instrument beherrschen. Dies allein genügt aber nicht. Er muss sich in das Orchester einbringen, indem er sich beim Stimmen seines Instruments mit den anderen Musikern auf einen gemeinsamen Ton einstimmt. Aber auch das reicht noch nicht aus. Es ist unerlässlich, dass er sich gemeinsam mit den anderen auch nach dem Tempo und den übrigen gestaltenden Anweisungen des Dirigenten richtet und diesem zudem positiv zugewandt ist.

Damit der Mensch mit sich selbst und mit anderen liebevoll umgehen kann, ist deshalb der Blick auf unseren Schöpfer und auf das Ganze, dessen Teil wir sind, eine unerlässliche Voraussetzung. Sie kann ihren Ausdruck beispielsweise in einem Gebet oder in einer Meditation finden. Übrigens bekannten sich nach einer Umfrage des Gallup-Institutes 91% der Frauen und 85% der Männer in den USA dazu, dass sie beten.

9 Der Mensch und seine Gesundheit

So schützen Sie Ihre seelische Gesundheit, heißt der Untertitel dieses Buches. In diesem Kapitel befassen wir uns deshalb mit dem Begriff Gesundheit und beschreiben zusammenfassend das Verhältnis des Menschen zu seiner Gesundheit.

Wenn von dem Haus eines Menschen gesprochen wird, können die meisten Menschen sich etwas darunter vorstellen. Ein Haus kann ausgemessen, seine Bauzeichnung studiert und es kann besichtigt werden. Wenn man von der Familie eines Menschen spricht, kann man die dazugehörenden Personen kennen lernen oder Fotos betrachten und dergleichen mehr.

Anders ist es mit der Gesundheit oder auch mit der Normalität. Wer oder was wird mit diesen Begriffen gemeint? Gesundheit oder auch Normalität sind Zustände. Aber es sind zugleich Begriffe, bei denen die Übereinstimmung dieser Zustände mit einer vorgegebenen Ordnung gekennzeichnet ist. Man kann es drehen und wenden, wie man will. Wir kommen nicht darum herum, uns auf eine vorgegebene Ordnung, auf ein Soll zu beziehen, das erfüllt, das aber auch verfehlt werden kann.

Im „Reallexikon der Medizin" von 1969 lesen wir, dass Gesundheit die allgemeine Bezeichnung ist für „das normale Aussehen, Verhalten und Befinden bzw. für die Nichtnachweisbarkeit entsprechender krankhafter Veränderung". Es geht, wie gesagt, um das Normale, um die Norm, an der gemessen wird, was als gesund und was als krank zu gelten hat. Wenn wir nach der Gesundheit des Menschen fragen, werden wir damit auf die weitergehende Frage nach seiner Bestimmung verwiesen. Woher stammt die Norm, der er gerecht werden soll? Worin besteht ein ihm vorgegebenes Soll, das er verfehlen, aber auch erfüllen kann? An jeder Art von Organismen können wir sehen, dass ihre Teile zueinander und zum Ganzen des von ihnen gebildeten Organismus in geregelten Beziehungen stehen. Dabei ist es stets das Ganze, das jedem seiner Teile Ort, Gestalt und Funktion zuweist. Nur dadurch ist es möglich, dass die in den Genen verankerte Erbformel von Anfang an in jede Zelle hinein vervielfältigt wird. Jede Zelle eines Organismus „weiß" sozusagen, wo ihr Arbeitsplatz liegt, worin ihre Aufgabe besteht und wie sie auszusehen hat. So lässt Schiller seinen Wallenstein sagen: „Es ist der Geist, der sich den Körper schafft." Heute weisen wir auf diesen Sachverhalt hin, indem wir von jeder Zelle als einem Hologramm sprechen, in dem das Ganze ihres Organismus repräsentiert ist. Es ist der genetische Fingerabdruck. Theoretisch ließe sich aus jeder einzelnen Zelle der ganze Organismus rekonstruieren, wie es nicht nur in der Botanik, sondern im Einzelfall auch in der Zoologie bereits geschieht und das als Klonen bezeichnet wird.

Die Frage nach der Bestimmung des Menschen beantworten wir dahingehend, dass auch jeder Mensch ein Teil ist und zwar ein Teil des Kosmos. Dabei stellen wir uns den Kosmos als etwas Organismisches vor (s. dort), in dem gleichermaßen jedem Menschen Ort, Zeit, Funktion und Gestalt zugewiesen ist. Der als Ebenbild des Schöpfers geschaffene Mensch trägt die Formel des Kosmos und den Schöpfer selbst in seinem Innern. So halten wir jeden Menschen für ein Hologramm des Kosmos sowie für einen Tempel Gottes. Unseres Erachtens besitzt dadurch jeder Mensch die Möglichkeit, sein ganz persönliches Soll in seinem eigenen Herzen zu erkennen.

Auch wenn diese Vorstellung hier und da manchmal als einengend empfunden wird, sind aber in Wirklichkeit die Spielräume riesig! Stellen wir uns einen kerngesunden, in voller Blütenpracht stehenden großen Apfelbaum vor. Erfreuen wir uns an den hellen Farben seiner Blüten und ihrem Duft. Es wird nicht lange dauern, dann werden Sommer und Herbst das Erscheinungsbild des Baumes verändert haben. Die Früchte werden gereift und geerntet sein und im Winter werden Raureif und Schnee das Gewirk seiner kahlen Äste verzieren. Wir wissen, dass diese jahreszeitlich bedingten Wandlungen seines Erscheinungsbildes seinem Soll entsprechen und also normal im Sinne von gesund sind.

Auch die verschiedenen Entwicklungsstadien des Baumes, angefangen damit, dass er als Frucht im Boden zu keimen beginnt und schließlich in vielen Jahren zu dem von uns betrachteten großen Apfelbaum wird, zeugen von den großen Spielräumen, die für eine sollgemäße Entfaltung zur Verfügung stehen. Mehr noch: Der Baum kann unter günstigen Umweltbedingungen eine große und schöne Krone entwickelt haben. Er kann aber auch durch Stürme gebeugt und zerzaust sein. Ein karger Boden kann Kümmerwuchs bedingen, während geeignete Nährstoffe und genügend Feuchtigkeit dem Baum dazu verhelfen, sein Innbild voll zur Entfaltung zu bringen. Auch dies gehört noch in den Rahmen einer sollgemäßen, d.h. einer gesunden Entwicklung. Die Spielräume sind eben groß.

Die Balancen
Was nun die Fülle der Variationsmöglichkeiten beim Menschen betrifft, so seien hier nur die zwei Geschlechter, die Rassen, die Lebensalter usw. genannt. Jeder kennt die kaum übersehbare Vielfalt normaler, sagen wir „dem Soll" entsprechen-

der, also gesunder Varianten, die alle dann als gesund bezeichnet werden können, wenn sich ihre Funktionen in einem Gleichgewichtszustand befinden. Üblicherweise sprechen wir dann von Balancen, von Wohlspannung oder Eutonie. Solche Funktionen, die sich zueinander verhalten wie Polaritäten, sind wie zwei Waagschalen miteinander verbunden. Als typisches Symbol dafür ist das fernöstliche „Tai Chi Tu" bekannt geworden.

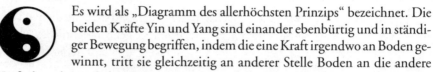

Es wird als „Diagramm des allerhöchsten Prinzips" bezeichnet. Die beiden Kräfte Yin und Yang sind einander ebenbürtig und in ständiger Bewegung begriffen, indem die eine Kraft irgendwo an Boden gewinnt, tritt sie gleichzeitig an anderer Stelle Boden an die andere Kraft ab und umgekehrt. Bei genauem Hinsehen ist dann leicht zu entdecken, dass es sich bei dieser, wie bei jeder Polarität, scheinbar um ein duales System, in Wirklichkeit jedoch um eine Dreierbeziehung handelt. Die Balance von Yin und Yang im Tai Chi Tu beispielsweise wird offensichtlich erst durch den Ring ermöglicht, der die beiden Kräfte bändigt und umschließt. Auch wer den Begriff Polarität benutzt, der meint damit nicht nur zwei beliebige zusammengehörende Punkte, sondern zwei Punkte, die auf derselben Kugel zu deren Äquator in einem bestimmten Verhältnis stehen und einander gegenüberliegen.

Nimmt man als weiteres Beispiel unsere Apothekenwaage, die wir schon an anderer Stelle erwähnt haben, dann sehen wir, dass sich die eine Waagschale in dem gleichen Maße senkt, wie die andere sich hebt und umgekehrt. Dazu gehört, dass sich der Querbalken, an dem die beiden Waagschalen aufgehängt sind, um seinen Mittelpunkt drehen kann. Dieser Drehpunkt ist mit seiner Haltung maßgebend dafür, dass sich die beiden Waagschalen in dieser Weise bewegen können. Auch dieses Beispiel macht deutlich, dass es nicht eine Zweier-, sondern eine Dreierbeziehung ist. Das gilt im Übrigen ebenso wie das Morsealphabet oder die Computersprache, die mit Punkt-Strich- bzw. Ja-Nein-Abfolgen arbeiten. Dabei sind die Pausen bzw. die Zwischenräume der jeweils unentbehrliche dritte Faktor, der die Unterscheidung der Gegensätze überhaupt erst möglich macht. Dementsprechend ist auch der Umgang mit der Welt keine duale Ich-Du-Beziehung, sondern dreifaltig: Das Erkennen, Werten und Handeln des Menschen ist immer ein Umgang des Menschen mit sich selbst, mit seiner Mitwelt und mit Gott. Hier sei auf das an anderer Stelle erwähnte Liebesgebot verwiesen, das ja zu einem tragenden Pfeiler des Christentums geworden ist.

Die Ganzheit
Dieses bedeutet, dass jede lebende Einheit sowohl für sich selbst, gleichzeitig aber auch für ihren Nächsten zu sorgen hat, und zwar nicht nur im Einklang mit dem

Ganzen, dessen Teil sie ist, sondern immer auch um des Ganzen willen, das sie mit zu tragen hat.

Ein Beispiel: Um als gesund beurteilt zu werden, darf eine Nierenzelle nicht etwa wie eine Muskelzelle, sondern eben nur wie eine Nierenzelle funktionieren. Das heißt, sie muss sich zunächst einmal gleichsam eigen-liebig, ihrer Natur gemäß als eine Nierenzelle entwickeln in klarer Abgrenzung von allem, was um sie her herum ist. Sodann muss sie ihre Liebe dem Nächsten zuwenden und sich ihm dienend einfügen, um die Aufgaben ihres Organbereichs, zu dem sie gehört, richtig bewältigen zu können. Hinzu kommt die bejahende Orientierung am Ganzen der Niere und schließlich am Ganzen des Organismus und seiner Erfordernisse.

Gesundheit stellt sich uns auf diese Weise als ein Gefüge von Balancen dar. Und zwar als ein Gefüge, in dem es gelungen ist, das Dreieck „Ich, Meinesgleichen und das Ganze" harmonisch auszubalancieren. Auf den Menschen bezogen handelt es sich um das Dreieck Ich-Du-Gott. Uns ist oft zuwenig bewusst, was daraus wird, wenn wir uns auf Ich-Du-Beziehungen beschränken, den Gottpunkt außer Acht lassen und kurzschlüssig, wie es heißt von Mensch zu Mensch, miteinander umgehen. Dann läuft es erfahrungsgemäß auf Rivalität, auf Machtkämpfe, Unterwerfung und Ausbeutung oder gar auf die Vernichtung von Menschen durch Menschen hinaus. Versuchen wir uns einmal vorzustellen, die Eroberer Mittel- und Nordamerikas wären vor über 400 Jahren den Inkas und den Indianern nicht mit der Einstellung begegnet, Menschen dritter Klasse vor sich zu haben, Ungläubige, die man unter dem Vorwand sie zu bekehren, ausplündern, unterwerfen, versklaven, misshandeln und umbringen darf. Stellen wir uns vor, beide Parteien hätten die eigene Würde und die Würde des anderen respektiert. Beide Parteien wären eingedenk geblieben, dass Gott in jedem Menschen gleichermaßen wohnt, dann hätten sowohl Abgrenzung als auch Kommunikationsmaßnahmen greifen können mit dem Ziel ersprießlicher Nachbarschaft in einer friedlichen Welt.

In Science-Fiction-Programmen findet dergleichen seinen Ausdruck, indem die Invasionen von „Außerirdischen" grundsätzlich als feindlich unterstellt werden: Begegnende Fremde müssen angegriffen und möglichst vernichtet werden. Könnten es nicht einfach Nachbarn oder Engel und damit Repräsentanten Gottes sein? Denen wir – als gleichfalls Tempel Gottes – gegenübertreten mit der Aufgabe, an einem gastfreundlichen Verhältnis zu bauen und eine gemeinsame Kommunikationsebene zu schaffen? In diesem Zusammenhang klingt das Jesuswort an, dass man seine Feinde lieben soll.

Im Menschenbild der Psychopädie und im Umgang mit Ratsuchenden fragen wir uns, ob der Ratsuchende Schwierigkeiten hat mit den Balancen zwischen seinem Ich, seinem Du und seinem Gott. Wir fragen uns, inwieweit Liebe als Beweggrund seines Handelns erkennbar ist oder geweckt werden kann und inwieweit Hilfestellung bei Nöten erwünscht ist. Mögliche Verirrungen auf dem Gebiet des Liebens haben ihre Ursachen darin, dass entweder ganz allgemein zu wenig Liebe geweckt ist oder aber, dass sie einseitig, entweder nur zu sich selbst oder nur zum nächsten oder nur zu Gott, entfaltet wird und nicht stets das Ganze miteinbezieht.

Da sind erstens die Hypochonder, die Eitlen, die Perfektionisten als Beispiel für den Clinch mit dem eigenen Ich, so dass sie weder ihren Nächsten sehen, wie er ist, noch Gott, der in unermessliche Ferne gerückt zu sein scheint. Da sind zweitens diejenigen, die mit ihrem Nächsten verclincht sind. Sie können an ihrer Opferhaltung, d.h. an ihrem Helfersyndrom leicht erkannt werden. Sie sehen nur den Splitter im Auge des Nächsten, nicht den Balken im eigenen. Sie sehen in Gott einen Versager, der lauter Schlimmes zulässt und an dessen Stelle man alles besser machen würde. Zu guter Letzt gibt es drittens die mit Gott verclinchten. Das sind die im Neuen Testament als Pharisäer beschriebenen Menschen, die über dem Lesen heiliger Schriften weder ihre eigenen noch die Probleme ihrer Nächsten sehen.

Ein ganzheitliches Dreieck
Das Merkmal des Gesunden hingegen besteht darin, dass er alle drei Kernpunkte gleichermaßen mit seiner Liebe umfasst. Beispielsweise nach einer bei ihm vorgenommenen Behandlung sagt er: „Ich danke Dir Gott, danke Ihnen (dem Behandler) und mir selbst dafür, dass alles so gelaufen ist, wie es geschah." Diese drei Punkte, Ich – Du – Gott bilden, wie bereits erwähnt, ein Dreieck und damit eine Dimension mehr als die lineare Ich-Du- bzw. Ich-Gott-Beziehung.

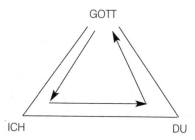

Für das seelische Wohlbefinden ist es oftmals von größter Wichtigkeit, für eine gute Balance zwischen diesen drei Punkten zu sorgen. Und genau deshalb ist es ein erstes Ziel der Psychopädie, Menschen zu helfen, einen Einblick in seine Verhältnisse zu sich, zu seinem Nächsten und zu Gott zu gewinnen und gegebenenfalls zu ändern.

Nebenbei sei erwähnt, dass auch Sigmund Freud, der sich für einen Atheisten hielt, den Gottpunkt nicht hat entbehren können. Er hat ihn als Über-Ich bezeichnet, das heißt als jene geistige Instanz, in der jeder Mensch für sich die Wertungen, die Satzungen und Verbote gespeichert hat, an denen er sein Verhalten orientiert. Hier haben sich als Folge frühkindlich bedingter Liebe bedrückende Wertungen als Götzen eingenistet, die das liebende Antlitz Gottes verdecken. Viele dieser Über-Ich-Inhalte lassen sich bei genauem Hinschauen als Götzen erkennen, denen ihr Inhaber dienen muss. Diese Druckwertungen gilt es zu korrigieren. So heißt dies mit anderen Worten, dass es um die innere Einstellung geht, alles aus Gottes Hand zu empfangen und eben nicht perfekt, sondern auf Erlösung angewiesen zu sein. Die Erkenntnis, sich selbst nicht vollenden zu können, bedeutet Erleichterung und körperlich gesehen eine zu Wohlspannung führende Entkrampfung.

Wie sich Balancestörungen in dem Dreieck Gott – Du – Ich auswirken, sei an dem aktuellen Beispiel der Europäischen Gemeinschaft erläutert: Jedes Land, das der Gemeinschaft beitreten möchte, steht zunächst einmal vor der Ich-Punkt-Aufgabe, sich selbst zu lieben, zu ordnen und abzugrenzen, also Jemand zu sein. Dies entspricht dem Ich-Punkt. Dieses „Jemand sein" ist eine Grundvoraussetzung für die Aufnahme in die Gemeinschaft. Dann gilt es, eine zu starke Gewichtung nationaler Tendenzen zu vermeiden. Der „Ich will gewinnen"-Standpunkt darf nicht in Isolation und Autarkie ausufern. Es kommt vielmehr auf den Impuls an, dass die anderen gleichermaßen gewinnen sollen. Dies gelingt jedoch nur, wenn es „um Gottes Willen" geschieht, wenn es geschieht, damit der ganze Staatenbund beziehungsweise das Weltganze und der Schöpfer gleichermaßen gewinnen sollen, wenn es heißt: Ich gewinne – du gewinnst – das Ganze gewinnt.

Solche Gesichtspunkte werden uns auch ohne die Psychopädie von Tag zu Tag stärker in unser Bewusstsein gerückt. So weisen Ökologie, Umweltverschmutzung, Raubbau, Umweltschutz, Erhaltung der Natur nachdrücklich darauf hin, dass es mit dem Ich und dem Du nicht getan ist, sondern dass der Schöpfer aus unserem Weltbild nicht weggelassen werden darf, wenn uns die erforderlichen Balancen gelingen sollen. In jüngster Zeit haben wir Verselbstständigungstendenzen ganzer Völker miterleben können. Wenn solche an sich gesunden Abgrenzungstendenzen nicht darauf zielen, auf diese Weise ihren Nachbarn und mit ihnen Gott besser dienen zu wollen, sondern Macht über die Nachbarn zu gewinnen, um auf deren Kosten herrschen zu können, dann handelt es sich um einen Ich-Du-Clinch, d.h. um eine als Krankheit zu wertende Balancestörung.

Im körperlichen Bereich sehen wir bei solchen Verläufen Ähnlichkeit mit dem Krebsgeschehen. Leider wird so häufig vergessen, dass diese Erde mit ihrer an

Schätzen reichen Flora und Fauna, mit Bergen, Meeren und Luft nicht Menschenwerk ist, sondern dass wir alles, uns selbst und unsere Mitwelt, unverdient vorgefunden haben. Nun ist es an uns, unsere Bezogenheiten wahrzunehmen, unseren Schöpfer zu erkennen und uns an ihn heranzulieben, beispielsweise indem wir dankbar die Verantwortung übernehmen für alles, was uns anvertraut ist.

Gesundheit: eine Definition
1984 habe ich in dem inzwischen vergriffenen Buch „Behindert sein" den Begriff Gesundheit folgendermaßen definiert (Zitat): „Ein Mensch kann – auch bei bestehenden Behinderungen – als gesund gelten, wenn er seine ihm verfügbaren Organe, Funktionen und/oder Gliedmaßen so gezügelt in Anspruch nimmt, dass er den ihm möglichen funktionellen Lebensreichtum weitgehend entfaltet und sich warmherzig mit den Gegebenheiten der Welt, also auch mit sich selbst erhaltend und welterhaltend in Einklang bringt. Er ist umso gesünder, je mehr es ihm unter Beteiligung seiner drei Seinsweisen gelingt, den ihm höchstmöglichen funktionellen Lebensreichtum warmherzig zu verwirklichen." Mit den drei Seinsweisen sind Körper, Seele und Geist gemeint, die wir an anderer Stelle beschrieben haben. Zu ergänzen ist, dass der Mensch im Hinblick auf seine Eingebundenheit in die Schöpfung und in seine Mitwelt nicht alles tun darf, was er tun könnte und wozu es ihn vielleicht gelüstet. Er muss vielmehr rundherum Verzichte üben und sich auf das Notwendige beschränken. Was er dazu braucht, sind Demut und Bescheidenheit, die nicht auf Gehemmtheit und Verdrängung, sondern auf Freiheit, Fröhlichkeit und Liebe beruhen.

Damit rücken wir ab von der Vorstellung der Weltgesundheitsorganisation WHO, der es bei der oft zitierten Definition von Gesundheit vornehmlich um das Wohlbefinden ging. Nicht dazugehörig scheint zu sein, dass auch unsere gesunden Grundbedürfnisse, wie beispielsweise Hunger, Durst oder Stuhldrang beunruhigende, schmerzende oder gar quälende Bedrängnisse sein können, die zu einem gesunden Leben gehören. Schmerzen können durchaus Signale von Gesundheit sein. Fehlender Schmerz ist nicht selten sogar ein ernstes Krankheitszeichen, wie beispielsweise bei Diabetes mellitus.

Zur Abgrenzung des Gesundheitsbegriffs werfen wir nun einen Blick auf das, was wir Krankheit nennen. Wir verstehen unter Krankheit Prozesse, die sich in den Betroffenen abspielen und darauf gerichtet sind, das Leben und die Kommunikationsfähigkeit der Betroffenen einzuschränken und zu verkürzen. Der Eintritt von Krankheit wird folglich als Bedrohung empfunden. Großes allgemeines Interesse gilt der Frage, wieso ein Mensch überhaupt erkrankt.

Als ich 1951 Abteilungsvorsteher der Psychosomatik in der 2. Medizinischen Universitätsklinik Hamburg wurde, hatte mein Chef, Prof. Artur Jores noch erklärt, Krankheit sei Sündenfolge. Damit stieß er auf weltweites Befremden. Dennoch müssen wir zugeben, dass seine Auffassung weit verbreitet ist. Und zweifellos kennen wir einige Krankheiten, die wir selbst mitverschulden, beispielsweise durch falsche Ernährung, durch Tabakrauchen und falsche Lebensweise.

In der Astrologie wird die Auffassung vertreten, dass bestimmte Konstellationen der Gestirne Krankheiten auslösen können. Wieder andere sprechen von Karma, von Schuldabtragung und schließen damit den Kreis zu der Vorstellung von Krankheit als Sündenfolge. Denken wir dagegen an Hiob, dann fällt uns auf, dass seine schwere Krankheit und die gleichzeitig erfolgenden weiteren Schicksalsschläge ausdrücklich nichts mit Verfehlung zu tun haben, sondern als eine Gabe Gottes angesehen werden. Etwas Ähnliches wird im Neuen Testament berichtet. Im Zusammenhang mit der Heilung eines Blindgeborenen (Johannes 9,2) wird Jesus von den Jüngern gefragt: „Meister, wer hat gesündigt, dieser oder seine Eltern, dass er ist blind geboren?" Jesus antwortete: „Es hat weder dieser gesündigt noch seine Eltern, sondern es sollen die Werke Gottes offenbar werden an ihm."

Hier scheiden sich die Geister im Hinblick darauf, was sie wissen wollen. Die einen folgen dem sog. Kausalitätsbedürfnis. Warum ist der Mensch erkrankt, was für Ursachen können angeschuldigt werden. Die anderen, und dazu zählen wir, unterstellen einen Sinn. Sie sind zuversichtlich und willens, den Betroffenen beizustehen, diesen Sinn anzunehmen und ihr Leben entsprechend zu ändern. Eine Schlussfolgerung, die wir aus diesen Überlegungen ziehen ist die, dass es kein Recht auf Gesundheit gibt. Ganz ähnlich wie Krankheit ist Gesundheit eine Gabe Gottes. Wir sind für unsere Gesundheit verantwortlich und können sie vorsätzlich oder fahrlässig gefährden und zerstören. Wir können sie aber auch achten, pflegen und fördern. Einen Rechtsanspruch auf Gesundheit bzw. auf Heilung haben wir nicht.

Wem es allerdings gelingt, auch Krankheit und Tod dankbar aus Gottes Hand anzunehmen, der empfängt damit auf höherer Ebene ein Heil, durch welches seine Verhältnisse zwischen Ich, Du und Gott neu ausbalanciert worden sind.

Zusammenfassung

So können wir schließlich sagen, dass der erste Schritt für Gesundheit die Besinnung ist, dass alles, so auch jede bevorstehende Begegnung, um Gottes Willen geschieht (wie es oft gedankenlos ausgerufen wird, „um Gottes Willen!"). Gesundheit ist somit ein ständig zu erringender Zustand, in dem der Mensch sich bejahend, sich selbst und dem Nächsten gegenüber menschlich liebevoll verhält, im Bewusstsein einer bejahenden Bezogenheit zu dem Ganzen, dessen Teil er ist. Größtmögliche Gesundheit ist folglich erreicht, wenn ein Mensch so ist, wie er als Folge seiner geistigen Gegebenheiten gedacht ist und in bejahender, liebevoller Bezogenheit lebt zu seinem Schöpfer, zu seiner ihm übergeordneten größeren Ganzheit, deren Teil er ist.

Beschützen Sie so oft wie möglich Ihre seelische Gesundheit, indem Sie sich immer wieder bewusst machen, dass Sie als Mensch, als Geschöpf immer liebenswert sind und bleiben, so wie alle anderen Menschen auch.

Unsere Leitlinie für die Umsetzung der Psychopädie in den Alltag haben wir zusammengefasst in der psychopädisch abgewandelten goldenen Regel:

> *Was Du nicht willst, dass man dir tu*
> *Das füge auch Dir selbst nicht zu!*
>
> *Und was die Andern dir solln geben,*
> *das gib dir selbst, dann wirst du leben!*
>
> *Was du auch tust, ob offen oder ganz im Stillen,*
> *das tue stets um Gottes Willen!*

Mögen diese Leitlinie und die vorgeschlagenen Übungen sowie die erläuternden Ausführungen dazu beitragen, dass Sie sich dabei helfen, mit Ihrer Lebensgestaltung dieser Regel möglichst oft nahe zu sein!

Kleine Auswahl weiterführender Literatur

Bandler, Richard; Grinder, John: Neue Wege der Kurzzeit-Therapie; Junfermann 2001[13]
Derbolowsky, Jakob: TrophoTraining – So fühle ich mich wohl; Psychopädica 2000
Derbolowsky, Jakob; Middendorf, Ilse: Psychosomatische Störungen; Bod 2000
Derbolowsky, Udo: Kränkung, Krankheit, Heilung; Neuromed, 2000
Derbolowsky, Udo & Regina: Atem ist Leben; Junfermann, 1996
Derbolowsky, Udo: Individuelle Psychoanalyse als Gruppentherapie; Haug 1982
Dilts, Robert B.: Identität, Glaubenssätze und Gesundheit; Junfermann, 1991
Franke, Heinz: Problemlösen in Gruppen; Rosenberger, 1998
Geissler, Linus: Arzt und Patient – Begegnung im Gespräch; PharmaVerlag 1987
Gordon, Thomas: Lehrer-Schüler-Konferenz; Heyne 1995
Lorber, Jakob: Div. Schriften; Lorberverlag
Schaffelhuber, Stefan: Inner Coaching für Manager; Wirtschaftsverlag 1991
Schultz, J.H.: Das Autogene Training; Thieme 1991
Sprenger, Reinhard K.: Aufstand des Individuums; Campus 2000
Stahl, Thies: NLP; www.active-books.de 2000
Wallnöfer, Heinrich: Auf der Suche nach dem Ich; Müller 1989

Die Private Akademie für Psychopädie PD AG – Erfahrung und Kompetenz

Seit 1945 arbeitet Dr. Udo Derbolowsky daran, psychische Sachverhalte für die Praxis vereinfacht darzustellen und Behandlungsweisen so zu gestalten, dass sie mit überschaubarem Zeitaufwand möglichst vielen Menschen zugute kommen können.

Mit der Schaffung der Psychopädie ist ein großer Entwicklungsschritt gelungen. Die Psychopädie hat sich nicht nur in der ärztlichen Praxis sondern vor allem beispielsweise in dem von ihm mit geplanten, mit aufgebauten und über mehrere Jahre geleiteten Jugenddorf Berufsbildungswerk Homburg/Saar im Christlichen Jugenddorfwerk e.V. (CJD) auf vielfältige Weise bewährt.

Damit diese Erkenntnisse und Methoden von vielen Menschen erlernt und genutzt werden können, hat er gemeinsam mit seinem Sohn Dr. Jakob Derbolowsky 1988 die Private Akademie für Psychopädie in München ins Leben gerufen.

Die Private Akademie ist seit 1997 als eigenständige Gesellschaft im Handelsregister München eingetragen und wird von Dr. Jakob Derbolowsky als Vorstand und wissenschaftlicher Leiter geführt. Ein Stamm von ausgebildeten Psychopädinnen und Psychopäden hält in freier Mitarbeit Vorträge und Kurse und betreut in Zusammenarbeit mit der Akademie Beratungs- und Schulungsprojekte. Seit ihrer Gründung wurden von der Akademie viele tausend Menschen in Seminaren, Kursen, Vorträgen und Beratungen betreut.

Die Aktivitäten der Akademie

- ➤ Öffentliche Vorträge und Seminare zu Themen der Psychopädie.

- ➤ Durchführung von Schulungen im Gesundheits-, Wirtschafts-, Erziehungs- und Bildungsbereich. Betreuung von sozialen Einrichtungen (Kindergärten, Pflegestätten und Pflegerdienste).

- ➤ Die Ausbildung in der Psychopädie und zum Psychopäden nach Dr. Udo Derbolowsky®.

- ➤ Die Erstellung und Verbreitung von Schrifttum zur Psychopädie und die Anpassung der Inhalte an neue Erkenntnisse und Ergebnisse.

➤ Der Ausbau eines Schulungs- und Beratungsnetzes mit Beratungsstellen im deutschsprachigen Raum und die Errichtung von Auslandsstellen. Angestrebt wird die Vernetzung mit anderen Organisationen, die Ziele verfolgen, welche mit denen der Psychopädie nach Dr. Udo Derbolowsky® vereinbar sind.

➤ Die Beratung von Betrieben und Einzelpersonen aus Wirtschaft, Gesundheit, Erziehung und Bildung und die Begleitung von Selbsterfahrung.

➤ In Kooperation mit qualifizierten Partnern aus dem Leistungs- und Breitensport werden Mental-Technik-Kurse durchgeführt, um durch den richtigen Einsatz der mentalen Dimension den Erfolg und vor allem auch die Freude beim Sport zu erhöhen.

Informationen erhalten Sie:

Private Akademie für Psychopädie PD AG
Finkenstr. 7a
82110 Germering
Tel: 089-8406 00 00
Fax 089-8406 00 02
E-mail: infos@psychopaedie.org
Homepage: www.akademie-psychopaedie.de

Mein eigenes Übungsprogramm

Bitte tragen Sie sich hier ein, welche Übungen Sie künftig in Ihr Leben einbauen möchten:

1.

2.

3.

Hier ist Raum für weitere Gedanken, Überlegungen und Übungen:

Kernfragen unserer Identität

STEVE ANDREAS   **TRANSFORMATION DES SELBST**

€ (D) 24,00
288 S. • kart. • ISBN 3-87387-544-6

Das Buch
In diesem praxisorientierten Handbuch mit Techniken zur raschen Stärkung unseres Selbstbildes geht es darum, unser eigenes Selbstbild wirklich kennenzulernen, zu lernen, welche Wirkung es hat und wie man es stärken und so verändern kann, daß ein erfolgreicheres und befriedigenderes Leben möglich wird.
„Steve Andreas widmet sich den Kernfragen unserer persönlichen Identität. Seine Beispiele sind einleuchtend, seine Methoden ausgesprochen praktisch und hilfreich, sein Stil außergewöhnlich klar. Ich möchte dieses Buch nachdrücklich empfehlen!"
– *Stephen Gilligan*

Der Autor
Steve Andreas, Begründer von NLP Comprehensive, einem der bedeutendsten NLP-Ausbildungsinstitute in den USA, ist Autor zahlreicher Bücher und Aufsätze zum Thema NLP.

Mehr über uns und unsere Bücher erfahren Sie unter: **www.junfermann.de**

JUNFERMANN
Postfach 1840 • D-33048 Paderborn
Tel.: 05251-13 44 -0 • Fax: -44
eMail: infoteam@junfermann.de

www.junfermann.de
www.active-books.de
www.multimind.de